壹捌伍陸

王愚和
天爸帝 太 永
上 救 八
帝 天 天 世 位定
兄 王 幼 萬乾
黃 興 基 洪 主 歲坤
鵬 篤 督 日

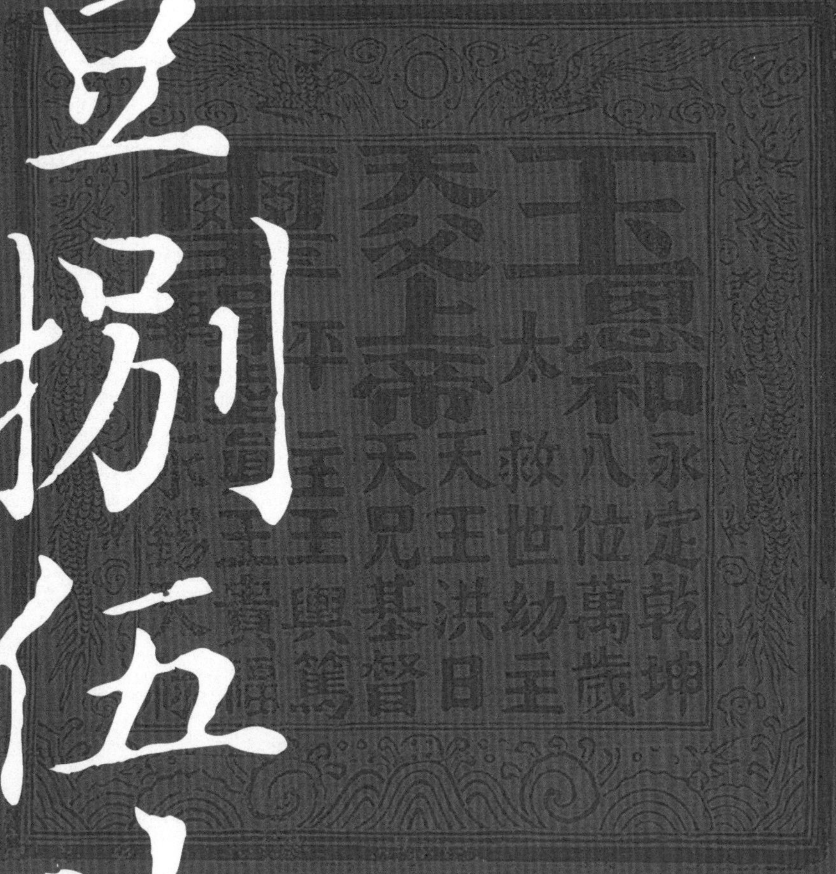

序一

一將功成萬骨枯

周健

太平天國之亂（Taiping Rebellion, 1851-1864-1872），雖非壓垮大清帝國駱駝背的最後一根稻草，但近半個世紀以後（1912），滿族天下壽終正寢，享年二百六十八歲。

此一清軍與太平軍的內戰，為世界史中規模最大的一次內亂，無論是叛亂、起義或起事，約有六千萬人至一億人喪生，因清軍以殺俘和屠城出名。

太平天國之名，甚為不祥，因「太平」間與「天國」，皆係往生者報到的處所。猶如南宋國都臨安（今杭州），乃臨時安定，未若漢唐的長安，有長治久安的意涵。

洪秀全打著信洋教的旗號，招兵買馬，成立拜上帝會，又使用「上帝天國」和「天父天兄天王太平天國」的國號，建立神權政治與君主專制的政教合一的奇特政權，與耶穌稱兄道弟，並非反清復明，具有強烈的使命感，所有的體制，如同天國在塵世的具體化。

太平天國野火蔓延的省分之廣，以及最逼近國都（曾打到天津附近），震動京師，乃中國史上內亂之最。

太平軍以反對崇拜偶像的神聖理由，摧毀佛教、道教和民間信仰的寺廟。「中興名臣」——曾國藩、左宗棠、李鴻章、胡林翼，本為漢人，卻視洪楊之亂為意識形態之爭的文化保衛戰，遂協助朝廷平亂。若投身太平軍的懷抱，清廷恐早已退出中國歷史的舞台。

吾人不以成敗論英雄，如司馬遷仍將項羽列入本記，孫中山童年曾自許為「洪秀全第二」。輓近全球史（global history）力主從外太空觀察人類史的史觀。超越漢族或滿族的沙文主義（chauvinism）及種族中心主義（民族優越感，ethnocentrism）的狹窄立場，置於大歷史（macro-history）的脈絡之中，當更能釐清歷史的真相。

本書仿章回小說的寫作方式，甚接地氣。作者消化龐大的史料之後，用自己的語言細數家珍，而且注釋豐富，照片罕見。「史普」作品最怕借題發揮，為增加戲劇張力而加油添醋，最離譜者，在杜撰對話內容，猶如曾在現場聆聽。

全書行雲流水，字字珠璣，在作者生花妙筆的描繪之下，使已進入時間深處的歷史現象，呈現活潑鮮明地立體化。

序二　一八五六，一個多事之秋

填下烏賊

西元一八五六年，在中國歷史上，堪稱是一個「多事之秋」。

在北京和大半個中國，這一年是大清咸豐六年；而在長江流域的湖北、江西、安徽、江蘇等地許多府縣，這一年是太平天國丙辰六年。但不管是咸豐六年也好，還是丙辰六年也罷，這一年給兩個相互敵對的政權帶來的負面影響都是深刻且慘痛的。六月，太平軍首破清軍江南大營，但幾個月後的九月二日，就發生了震驚中外的天王殺東王的「天京事變」，東王楊秀清滿門被誅，「執法者」北王韋昌輝也在兩個月後迅速被處死，太平天國自此元氣大傷。

十月八日，在廣州發生了「亞羅號事件」，半個月後，英國正式挑起了第二次鴉片戰爭。

在這一年，兩個政權都遇到了大麻煩。一八五六年，可以擴展寫出很多豐富多彩的文字。

作為太平天國研究者的陶短房，以其豐富的知識儲備、生動的敘事文筆、犀利的觀察視角、客觀的蓋棺評述，還原了這一年裡在中國大地上發生的點點滴滴。按照時間順序：清洪之間的江南江北大營之爭、天京事變與太平天國的恩怨、英法美諸國對戰事的關注、天京事變、亞羅號事件、馬神甫事件，各方人物在這場持久戰中粉墨登場，各有風姿。除了中國人中的漢人、滿人兩大團體互相爭戰外，英國人、法國人、美國人等「西洋諸夷」也沒閒著，他們或親「正朔」，或輔「教友」，或兩者皆通，或同時為敵，也展開了一幕幕令人啼笑皆非的政治大戲。

如同《萬曆十五年》一樣，這本著作的時間節點是詳述特定年分裡的中國大事，但尋根溯源，一八五六年前後數十年的政治、經濟、文化影響，也作為儲備資料不可或缺。在寫史類圖書中，這種「以小見大」、「見微知著」的歷史通略圖書，還是較為少見的，而陶短房先生的這本書，通讀下來，感覺其史料豐富、挖掘深刻。這本書並非堆砌史料、泛泛而談的著作，陶先生以其負責的學術態度，為讀者奉獻了一道精彩大餐。其次，行文下筆流暢、提煉到位。

和一般人喜歡湊字數、妄加評述不同，這本書文筆乾淨俐落、節奏明快流暢，全書只有十萬餘字，找不出多少無病呻吟的廢話、空話和套話，每一章節均直奔主題，都是當有則有，當無則無，做到了惜字如金、乾貨十足。還有，就是適當點評，主次分明。寫史難免要帶入自我感情，一本優秀的評史圖書，作者評論雖然在所難免，但要做到客觀公正、注重比例倒也頗為不易。陶先生以還原歷史真相為綱，輔以少量的個人見解，就這點來說，是十分合適的。

總之，正如圖書的書名——一八五六年，對於中國來說，是糾結的一年，對於那些西洋列強亦同樣如是。太平天國政權開始由盛轉衰，腐朽敗落的清王朝也並未迴光返照，「興百姓苦，亡百姓苦」，底層的勞苦大眾也並未得到命運的實質改變，唯獨從中盤剝得利的，是西方的堅船利炮國家。或許從這本書裡，我們能得到更多的深思和想法。

（作者為金庸研究專家）

序二

序三

一八五六，好戲連台

冬初陽

有幸拜讀過陶短房先生的太平天國史隨筆集「這個天國不太平」系列，以及太平天國史中短篇小說集《小天堂》，對作者治學之嚴謹，文筆之凝練頗為佩服，得知陶先生又有新作，自然不會錯過。看到《１８５６：糾結的大清、天國與列強》這個書名，第一個條件反射是，一八五六年是中國近代史風雲激蕩的一年，僅太平天國的「天京事變」和英法發動第二次鴉片戰爭這兩件大事，就讓諸多近代史愛好者難以忘卻；第二個條件反射卻是想起黃仁宇先生的《萬曆十五年》，於是便好奇陶先生用這樣一個相近風格的標題，能做出怎樣的文章來。

看「這個天國不太平」系列時，便有一個心願，希望陶先生選擇一個太平天國選題，寫一部中長篇隨筆，讓讀者好好領略另一番光景，而《１８５６：

糾結的大清、天國與列強》這本新成之作，不僅滿足了我的這個心願，更是帶來連連驚喜。

雖然這不是一部小說，也不是一個劇本，然而陶先生卻偏偏用純歷史文字創造出了一種「你方唱罷我登場，好戲連台」的情境。本書中涉及史事之多之廣，已經超出了太平天國史的範圍，較黃先生的《萬曆十五年》涵蓋的史事亦不遑多讓，然全書篇幅不及黃作三分之二，陶先生卻偏偏能在有限的篇幅當中將諸多事件娓娓道來，每一事必有出處，有依據，對事件的分析入情入理，評價人物自有褒貶，但不刻意粉飾，也不蓄意厚誣，相當客觀。

全書涉及清代行政體制演化、兵制沿革、太平天國、天地會、當時的中西外交、英文報紙、傳教士活動、兩次鴉片戰爭等等，資訊量極大，讀來卻絕無拖沓繁冗的感覺，分寸拿捏得恰到好處。

讀罷陶短房先生傳來的全書文字，唯覺意猶未盡，僅希望此作早日上市，以饗讀者。

（作者為中國古代軍事史和中西比較史專欄作家）

前言

一八五六，這一年發生了什麼？

對於中國而言，一八五六年真是糾結的一年。

自有確切歷史記載起，「正朔」就成為帝王時代中國必須計較；必須認真的大是大非問題。《春秋》的第一句便是「元年春王正月」，身為蜀漢降官的陳壽，入晉後編纂《三國志》，凡寫蜀漢；東吳紀年，必鄭重加注曹魏紀年，以示「只承認曹魏正朔」；唐將劉仁軌出海遠征，臨行前特意去領了許多曆書，表示此行的意義和目的，在於「頒正朔於海表」。年號之鄭重，可見一斑。「天無二日，國無二君」，一個「天下」，照理只能有一個「存活」的年號，才能凸顯國家之體統，君王之威儀。

然而在這一年的「春王正月」的第一天，坐在北京紫禁城裡的中國最高統治者、清朝文宗皇帝愛新覺羅·奕詝，攤開嘉慶二十二年（西元一八一七年）

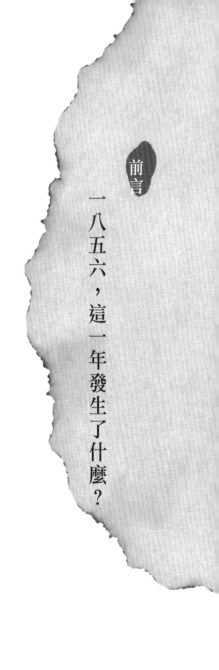

製成的《大清一統天下全圖》，會很不愉快地在這片理應「莫非王土」的「天下」，尋得至少四個並行的年號：在北京和大半個中國，一八五六年是大清咸豐六年；在長江流域的湖北、江西、安徽、江蘇等地許多府縣，這一年是太平天國丙辰六年；在廣西潯州府，這一年是天地會大成國的洪德二年；而在遙遠的滇西，這一年是杜文秀的丙辰年。

太平天國是被清廷稱作「發逆」的「亂臣賊子」，他們不但改了年號，還順帶改掉了整個曆法，不再用大清用慣了的陰陽曆，而是用一種「均勻圓滿」，一年十二個月，大月三十一天，小月三十天的「天曆」。無巧不巧，這兩套「勢不兩立」的曆法如今非但無可奈何地「兩立」著，而且它們的「春王正月」的第一天——也就是時人之新正；今天我們所言之春節，也恰巧是同一天。「爆竹聲中一歲除」，在這一天裡，北京和南京（那時已被太平天國改叫天京了）倒是可以暫且放下廝殺，同時過一個好年了。公私記載都顯示，這一天，「清妖」（太平天國對清朝官兵的蔑稱）與對手間，保持了難得的休戰狀態。也難怪，一八五六年的新正，也是「咸豐」和「太平天國」兩個「正朔」間，唯一一次從同一天開始新的一年。不過這兩個「正朔」的重疊也僅限於此，因為到了二月它們之間就會相差一天，三月差兩天，四月差三天……到十二月，就將整整相差十一天之多了。兩朔並行，國有二主，是「天崩地裂」的不祥之兆，這一點，當年正月，連湖南安化農村一個叫李汝昭的落魄老文人都能感悟到，從小受過嚴格教育和訓練的奕訢自然不會無動於衷，當然，有一點他可聊以自慰：太平天國的曆法編得實在粗糙，他們的中秋節，月亮不過是掛在天邊的一把梳子。

「大成洪德」是大清的老對手了，這些裹著紅頭巾、舉著大紅旗幟的天地會眾，前仆後繼、「陰魂不散」地已和清廷纏鬥了一兩百年。時代在進步，「反清復明」的天地會也不例外，以往的「紅兵」，除非姓朱或自稱姓朱，通常是不會稱王稱帝的，可從廣州被趕到潯州的這些起事者，卻行不更名坐不改姓地稱起王、改起國號年號來——當然，「正統皇帝」奕訢大可以嘲笑這些人居然有陳、李、梁三姓「並肩王」，簡直比太平天國還不成體統。

至於遠在滇西的杜文秀，此時不過一個蒙化縣境一小隊打著白旗抗命的頭目，至於他占據大理府，自稱「總統兵馬大元帥」，則還要等到這一年的八月十八。不過以清廷耳目之細密，帝王批閱奏摺之勤勉，理事之事必躬親、瑣屑畢至，奕訢應該也早已知道了這個小小「僭偽」政權的存在。

如果說，已被驅離廣州的「大成洪德」不過癬疥之患，山遙水遠的杜文秀更不值一提，那麼太平天國的洪天王便是心腹大害了。

儘管此前一年，北犯京畿的數萬太平軍已被僧格林沁的大軍圍剿殆盡，暫時無力向北京發動新的「掃北」，但鎮江和瓜洲久攻不下，維繫京城糧食、財賦生命線的運河航道也因此無法打通，僅此一點，就足以讓整個朝廷寢食難安。

在過去一年裡，奕詝的「老班底」——圍困天京的江南、江北兩大營師勞而無功，巨大的軍費開支，正日甚一日地考驗著這位體虛皇帝的耐心；在過去一年裡，曾國藩、胡林翼的湘軍雖然一度給奕詝帶來「新希望」，卻在一連串「勝利」後慘敗於湖口，強大的水陸勁旅被切作兩支，武漢三鎮也重新落到太平軍手裡。

不過，新春之際，對忙碌操勞的皇帝而言，也並非只有糾結，沒有希望：長江上游，湘軍的主力並無太大損失，江西的曾國藩正與石達開部苦戰，湖北的胡林翼則一點點扳回優勢；長江下游，江南、江北兩大營緩慢但有效地縮小對南京、鎮江的包圍，據說曾經以「每天三頓飯」招徠新兵的天王洪秀全，已不得不下令全城男女老少一律喝粥了。

有個住在英國倫敦名叫卡爾．馬克思的德國人，根據輾轉得來的報紙消息點評這場遙遠而陌生的「革命」，這時他斷言，北京城裡的咸豐皇帝與南京城裡的洪秀全，暫時都無法危及對方的安全。此時的奕詝當然早已知道了英國，卻大概還不知道什麼是德國（事實上這時也的確還沒有一個真正意義上的「德國」），當然更不會聽到這樣一個人的這樣一句話，不過此時此刻，在他心裡，對未來一年的所謂「剿逆」戰局，照現在的說法，應該抱著份「謹慎樂觀」的態度吧。

此時此刻他未必會相信，再過半年，自己會因戰局的驟然惡化而驚慌失措，甚至開始擔心自己與「江山社稷」的命運；此時此刻他更未必會相信，驚慌失措後再熬上幾天，自己就會因情勢的戲劇性逆轉而欣喜若狂，以至於相信曾國藩所謂的洪楊所部，「不患今歲不平」的浪漫主義斷語。

此時此刻，他應該會想到遙遠的廣州——西洋人口中的「廣東府」、當地百姓眼裡的「省城」吧？畢竟，運河生命線斷絕後，廣州海關的財賦收入，已成為國家預算尤其是軍費的重要來源。不僅如此，那裡還聚集著很多英國人，這些早已知曉「船堅炮利」、很是厲害的洋人，在得到通商權、傳教權後意猶未盡，此刻正糾纏著要入城呢。

奕詝一點也不喜歡洋人，不錯，他履約、開埠、允許傳教，甚至在上海、廣州告急時對地方大員「借師助剿」網開一面，但這些對他而言都是不得已、被迫的，只要有可能，他就要努力把這些舶來的人、事和思想，限制在盡可能狹小、安全的範圍內，他當然不能允許這些洋人進入廣東的省會，自己更不想和他們直接打什麼交道，只是把和西洋人交涉的一應事務全部踢給自己最信賴的大臣之一——兩江總督葉名琛。此前他已諄諄告誡這位能吏，一不能啟釁開戰，二不能允許入城，三不能同意洋人和其他中國官員、部門交涉接觸，其他的，「該大臣」就瞧著辦吧。

好在，於此時此刻以及接下來的日子裡，「令人放心」的葉名琛陸陸續續帶給他許多安慰和信心：嶺南民心穩固得很，廣州城裡城外的紳商團練、士子庶民，正眾志成城地將英國人拒之廣州門外；英國人也「恭順」得很，正是他們的戰船，幫著官兵擊退了圍困省城近兩年的天地會，而他們所貪圖的，不過是一些貿易上的蠅頭小利，且對自己這位天子的得力幹臣敬佩有加。「我辦事，您放心」，廣州也好，英國人也罷，都不會出什麼亂子。

當然，按照「祖宗規矩」，一個皇帝是不能偏聽偏信的，他必定會依靠肇始於康熙、大成於雍正的密折制度，從諸如廣州將軍穆克德訥、廣東巡撫柏貴，以及廣東省、廣州府有「專折奏事」權的大小文武官吏的「單線密報」，來核實葉名琛的「獨家消息」是否靠譜。可想而知，他會因此看到多如牛毛、莫衷一是甚至自相矛盾的各種資訊，從未去過廣州、更未見過洋人的他，自然也很難建立起一個足以分辨真偽的思維體系，並從中獲取真實資訊。不過他或許能聽到「百姓怕官，官怕洋人，洋人怕百姓」的順口溜，並因此更加增添一些信心——官怕洋人？朕卻是不怕的。

此時此刻，相較於「海晏河清」的廣東省和廣州府，西鄰廣西恐怕更令他牽腸掛肚，這並不僅僅因為那個剛剛把潯州府改作「秀京」的「大成洪德」——越來越多情報顯示，已有一些法蘭西人跑到廣西腹地傳教，而根據道光廿六年（西元一八四六年）正月（西曆一月二十五日）弛禁天主教詔書，西洋人原本只能在通商五口合法傳教。這一年即便大多數歐美傳教士，也還弄不明白太平天國和自己所信奉的，到底是不是同一個「上帝」，奕訢和清廷自然更弄不清楚，此刻他所想的，恐怕只能是「決不能讓廣西再鬧教亂」。

此時的他當然不會想到，大半年後，「恭順」的英國人會突然在廣州翻臉，而此前沒怎麼打過交道的法國人會站在英國一邊，闖禍的則正是廣西發生的教案——事實上即便大半年後他也一樣會糊裡糊塗，因為葉名琛屆時給他遞上的，將是一紙「痛剿英夷」的捷報。

再過幾個月，英國治下香港的首任總督；曾在鴉片戰爭中帶兵北犯的璞鼎查爵士（Sir Henry Pottinger）就要去世於任上，這標誌著香港在英國治下，已悄然逾越了最初的過渡期。英國人以及後來的法國人、美國人，此刻已不滿足於五口通商，更不滿足於在幾個通商口岸和葉名琛之類的老滑頭打交道，他們野心勃勃，渴望徹底打開中國門戶和市場，並與中國中央政府建立直接聯繫。

不過，至少在年初，他們仍在小心翼翼地觀望：此前對太平天國的外交試探讓他們頗感失望，而與腐朽不堪的清廷交往也因奕訢的鴕鳥政策和葉名琛的欺上瞞下，而變得越來越沒有意義，如今他們要等待的，是清廷和太平天國間的內戰能產生一個明顯的勝利者，或更方便打交道的一方。當然，種種跡象表明，他們的耐心已經越來越小了。

一元復始，萬象更新，此時此刻，每一個中國人乃至每一個對中國感興趣的人，都會不由自主地去想：這一年，究竟將會發生些什麼？

目錄

第壹部

第貳部

第參部

第壹部

第一回　長江，長江

黃金水道

清朝時，中國人的地理知識尚不十分豐富，他們甚至還不知道長江的源頭是金沙江，更不知道沱沱河－通天河與長江間有什麼淵源。事實上，直到中華人民共和國成立之初，大多數人還錯誤地以為，長江的正源是青海境內的那曲，而在一八五六年的時候，不論中國人或外國人，「大清朝」人或「天國」人，都普遍把岷江當作長江的正源，所謂「我住長江頭，君住長江尾」，在那個年代，是默認為一位四川人對一位江蘇人的遙遙思念的。

儘管如此，任何一個關注中國命運的人，都不可能將這條中國第一大河流置之度外。

對於遠在北京的清廷和咸豐皇帝而言，長江流域關乎國家財政的穩定，甚至國家的運數。

早在唐代，江南就已取代關中、河南，成為中央政府的主要財政和糧食來源，曾擔任要職的著名文學家韓愈說「當今賦出天下，而江南居十九（即百分之九十）」，語雖誇張，卻凸顯了江南對全國經濟的重要意義。唐德宗李適貞元年間，由於藩鎮割據，坐困關中的唐朝君臣無時無刻不惴惴不安，唯恐缺餉缺糧的禁軍再度嘩變，當大批江南漕米沿著運河－黃河水道運抵陝州的消息傳出，一向沉穩的李適竟狂喜失態，抱住太子的頭高呼「吾父子得生」。當時因為江南的米糧、財賦無法運進長安，皇宮裡居然連酒都找不到（釀酒需用的米也來自江南）。有記載稱，唐代宗李豫在位期間，全國每年租賦收入約為一千二百萬緡，其中來自江南的竟占逾百分之五十。

宋室南渡和北方連年戰亂，令長江流域在全國財政方面的地位更加突出，到了清代康雍乾三世，已形成「天下哺給，仰賴東南半壁」的格局。順治十二年（西元一六五五年）武狀元、江蘇吳縣人于國柱在康熙廿二年（西元一六八三年）為《江南通志》作序，稱「國家……分省一十有四，而江南最為重地……國之大計，以財用為根本，而江南田賦之供，當天下十之三，漕糈當天下十之五，又益以江淮之鹽莢，關河之征榷，是以一省當九州之半未已也」。

由於清朝以少數民族而入主中原，為恐漢人造反，不得不在京師屯駐大軍，僅八旗京營總兵力就達十三萬三千八百三十八人（魏源，《聖武記》），加上綠營巡捕五營一萬人，京城常備兵總數近十五萬，連同官員、差役、商人，形成了一個龐大的消費群體。

不僅如此，除東三省外，清朝駐防全國各地的八旗官兵，按定制都算「出差」性質，其家屬則領取圈占的「旗地」，加上駐京八旗官兵、官員家屬，人數已逾數百萬口，這些人同樣是清朝的「國家根本」，需要官方耗費錢糧豢養。

上述龐大開支，絕大多數仰賴長江沿線的供應，因此清朝對長江一直投入極大關注。八旗是清朝最倚重的「自己人」，採用集中駐防、居中馭外的布防形式，京師以外，僅扼守最重要的據點，而這些據點又以長江或連接長江與京師的運河沿線最為密集。據道光十二年（西元一八三二年）《欽定中樞政考》記載，當年除京畿、東北以外，全國駐防八旗總兵力為十二萬七千四百四十三人，其中沿江布防的有成都（設將軍，二千三百七十六人）、荊州（設將軍，六千四百六十人）、江寧（即南京，設將軍，四千五百四十六人）、京口（即鎮江，設副都統一千六百四十四人），沿運河布防的有乍浦（設副都統一千六百五十人）、青州（設副都統一千八百八十人）、德州（設城守尉，五百五十人），總數達一萬九千一百零六人，占了近百分之十。考慮到長江、運河沿線幾乎都是治安良好、社會穩定的內地，如此高的八旗兵部署密度，足見清廷對長江財賦的重視。

八旗以外的行政體系，對長江的重視程度更異乎尋常。沿江自西向東，有三總督（四川總督駐成都、湖廣總督駐武昌、兩江總督駐江寧。當時清朝統轄地方行政的總督總共只有八位）、三巡撫（湖北巡撫駐武昌、安徽巡撫駐安慶、江蘇巡撫駐蘇州。其中江蘇巡撫還特轄江寧、蘇州兩位布政使，其餘各省都只有一位）；而全部三位元河道總督（南河總督駐江蘇淮安清江浦、東河總督駐山東濟寧、北河總督由直隸總督兼）和一位漕運總督（駐江蘇淮安），也全部分布在運河一線，其主要職責，實際上就是維繫長江－京師生命線的穩定與暢通。

割據長江

不過一八五六年年初，這條長江生命線連同運河這條臍帶，對清廷而言卻顯得不那麼通暢。

曾經被小刀會占據十八個月的上海縣城，此時已被江蘇巡撫吉爾杭阿所收復，「長江尾」算是勉強被打通，但在上海縣城之外，英法兩國卻趁火打劫，建立了兩塊租界地的雛形，在未來幾十年裡，這些原本的城外「爛泥濱」，將發展成整個遠東最繁華的城市，而上海縣城卻會凋敝落魄，甚至縣城的「上級單位」松江府以及當時長江流域最富庶的商業都市蘇州府，也都會因之衰落下去。

沿江口上溯，很快就會進入太平軍大炮的射程範圍。一八五六年年初，太平天國在長江沿線所控制的要點並不多，由上游而下，主要為瓜洲－鎮江、南京、東西梁山、安慶、九江－湖口和武昌，而這些要點間的大多數江段，則被清朝水師所控制，如武昌和九江之間的金口，有湖北巡撫胡林

清廣東水師戰船模型。

翼所率領的湘軍水師主力，附近的新堤更設有水師船廠；安慶和南京間的蕪湖和三山磯，有綠營水師吳全美部「紅單船」[1]二十五艘駐泊；鎮江和瓜洲之間的焦山島附近，則巡弋著吳全美部另二十五艘紅單船，他們還能得到更下游上海吳淞口蘇松太道組建船隊[2]支援。但太平軍所控制的，恰是江淮漕運要衝，尤其鎮江—瓜洲據點不偏不倚，直接卡住了長江、運河兩條航道的交叉點，這不啻捏住了清廷的喉管。

好在一八五六年已不是一八五三年，當年太平軍上萬艘船隻「行若浮雲，止若疊雪」，自宜昌至鎮江，「制江權」完全掌握在「天朝水營」手裡。而此時，大清才是大部分江面的主人。

一八五三年年底，在籍侍郎、奉旨幫辦湖南團練事務的曾國藩設廠於衡陽，仿造廣西、廣東內河水師船型，並自廣州購買西洋熟鐵前膛炮（俗稱「洋莊」），建立了湘軍水師。一八五四年春，湘軍水師（十營、五千人，戰船二百四十艘）

---

1 原為廣東商船，因入廣州港貿易需要領取海關「紅單」而得名，這種船體積大、吃水深，船體堅固且能深入內河，可在船上安防火炮二十至三十門，「左、右、船頭三面輪放，周流不息，船工運棹如飛，無論炮彈所中可以洞穿數船，即乘風擊撞，亦複當之立碎」，是當時長江下游和沿海較得力的舊式戰船。

2 既有閩、粵大型商船改造的戰船，也有蘇北平底舊式「沙船」型戰船，還有雇來或買來的葡萄牙式炮艇和少量西洋式帆船。

出湘江，經湘潭、嶽州、武漢、田家鎮諸戰，焚毀太平軍大小船隻數千艘，一度肅清了上游江面。一八五五年年初，湘軍水師乘勝進逼九江、湖口，試圖將太平軍水師一舉全殲於鄱陽湖內，太平軍名將翼王石達開、冬官正丞相羅大綱等利用曾國藩急於求成的心理，以及湘軍水師每營由大小船隻組成[3]、一旦分拆則戰鬥力大減的破綻，在湖口會戰中引誘湘軍水師三板小船衝入鄱陽湖口，然後將湖口封鎖，致使湖中小船失去大船依託，無法休息、補給，官兵疲憊不堪；而外江大船失去小船，幾乎完全喪失自衛能力，結果被太平軍各個擊破，武漢三鎮重新落入太平軍手中。此刻的曾國藩正坐鎮南昌，緊張應付著從湖北轉戰而來的太平軍石達開部與從廣東、湖南源源湧入的數萬天地會「紅軍」，湘軍內河水師遭到重創後，剩下的三板駐泊在南昌、樟樹鎮等地的內河，而只剩大船的湘軍外江水師，則在胡林翼的統帶下駐紮金口。新堤船廠裡正熱火朝天地製造嶄新的三板小船，在這些得力內河戰船造成前，湘軍水師只能偃旗息鼓。

下游的情形則有很大差異。

一八五四年七月，五十艘紅單船在吳全美的率領下抵達鎮江焦山江面，接受江南大營主帥向榮調度。向榮分其中一半，在當年和次年兩次溯江而上，一直攻到三山磯、蕪湖一帶。太平軍當時的戰船多為民船改造，大小不一，水軍又缺乏水戰經驗，故連戰連敗，就連「水賊」出身的頭號水師名將羅大綱，也在一八五五年年底反攻蕪湖時身負重傷，因無法忍受劇痛而「吞金自斃」。不過紅單船水師屬於綠營體系，沾染了綠營所特有的習氣，且其官兵多數為廣東人，在外征戰既久，人心浮動，戰意漸懈，對天京、鎮江、瓜洲等堅城構不成重大威脅；不過，紅單船掌握下游「制江權」，便截斷了天京、鎮江、瓜洲三座要塞間的聯繫。

清廷也知道，僅憑水師是無法肅清長江的，因此一方面催促上游湘軍儘快沿江東下，另一方面不斷強化江南、江北兩大營的實力，力圖水陸配合，「犁庭掃穴」，奪取天京，消滅太平天國。然而上游湘軍欲速則不達，九江、湖口一敗之後，便被分割在湖北、江西兩地，對天京暫時鞭長莫及，因此，下游的江

在長江上戰鬥的太平軍和湘軍水師。

3 湘軍水師每營快蟹一艘。長龍十艘為大船，不便作戰，用於水兵住宿。辦公和倉儲，三板十艘為小船用於戰鬥。

南、江北大營，成了一八五六年年初清廷的希望所繫。

江南大營是一八五三年三月三十一日（清咸豐三年二月廿二日，太平天國癸好三年正月廿日）由從廣西一路追擊太平軍至天京城下的欽差大臣向榮所建。一八五六年大本營設在天京城東孝陵衛，並控制了秣陵關、七橋甕等城外要塞，對天京城構成直接威脅。江南大營可調動的八旗、綠營總兵力共為三萬二千六百一十五人，其中天京附近二萬七千四百三十五人，直接部署在一線的為一萬七千八百人。江北大營於一八五三年四月在揚州城北組建，當時的主帥為欽差大臣琦善。此時琦善已死，由江寧將軍托明阿接任。這支負責浦口以下北岸江防的清軍，可調動兵力二

「窩鋪」，清軍常見的屯兵設施，在江南大營等長期駐紮的地方隨處可見，太平天國蔑稱為「泥窟」。

萬四千人，直接部署在一線的兵力也是一萬七千八百人，此時兵分兩路，駐紮運河兩岸的秦家橋、桂家莊。一八五三年十二月，太平軍已放棄了揚州，此刻江北大營的主要使命，一是守住運河口，防範太平軍渡江北上，威脅中原和京畿；二是圍攻奪取太平軍在江北的最後一個據點——瓜洲，並配合江南大營進逼天京、鎮江。

這時的鎮江、瓜洲是清軍圍攻的重點。一八五五年二月，小刀會在上海失敗，原本圍攻上海縣城的清江蘇巡撫吉爾杭阿部近四千人得以抽調回顧上游。此刻的吉爾杭阿已掛上了幫辦江南大營軍務頭銜，率領本部、圍困鎮江的原有清軍（四千餘人），以及從江南大營抽調的清軍共約萬餘人圍攻鎮江。這些清軍主力分別部署在鎮江城西的九華山和鎮江城東的京峴山。此外，湖南提督余萬清、宜昌鎮總兵虎嵩林分別屯兵鎮江以西的下蜀、高資，兵力分別為二千三百人和一千六百人，這兩路人馬部署在天京、鎮江之間，目的是阻擊從天京經陸路來援的太平軍。

此時的太平軍則沿著長江，擺出了「一字長蛇陣」。

上游的武漢，由北王韋昌輝的親弟弟、國宗提督軍務韋俊任主帥，因為遭到上游荊州和下游金口方向清軍的進逼，目前稍顯不利；由金口而下，九江、湖口牢牢掌握在太平軍守將林啟榮、黃文金手裡，而上游太平軍最高軍政負責人——左軍主將翼王石達開，則正在江西腹地對曾國藩的湘軍展開咄咄逼人的攻勢；再往下游，皖南、皖北都是拉鋸態勢，皖南太平軍喪失了沿江最大城市蕪湖，卻仍堅守著東西梁山的要塞，皖北重鎮廬州得而復失，不過安徽省城安慶和眾多郡縣，卻是太平軍此際最鞏固的根據地和最可靠的糧源。

天京附近，太平軍占據江中八卦洲、九洑洲、七里洲等據點，控扼江南京郊眾多要塞，令江南大營始終難以真正合圍，但江北浦口為清軍占據，江面上往來巡弋的紅單船，也令太平軍船隊無力駛出夾江正面決戰，更難突破水路封鎖，增援、補給下游的鎮江、瓜洲。

鎮江、瓜洲此時已被圍困了三年之久，自揚州、焦山失守後，這兩座城鎮的補給，主要靠天京從水路運來，但紅單船抵達後，這種補給變得越來越困難，至一八五六年年初已近乎斷絕。鎮江守將原本是羅大綱，但此時已去世，此刻的主將是殿左五檢點吳如孝，此人在太平軍中資格很老，曾參加過天地會，還是受過洗禮的基督教徒，他不僅以欽差大臣頭銜負責鎮江軍政、民政，而且還要兼轄江北瓜洲防務。作為下遊江北太平軍唯一據點，瓜洲孤懸敵後，駐軍很少但防禦嚴密，此刻守將為指揮謝錦章，他的要塞周圍，是西起儀征土橋江邊，東至揚州新橋江邊，綿亙四十餘里的土牆，以及沿牆密布的四十多座江北大營營盤、炮臺。

一八五六年年初，清廷已經發現，撬開天京堅城縫隙、打通長江這條命脈的關鍵點，是與天京成掎角之勢的鎮江、瓜洲，並正逐步將兵力、裝備移向這裡，緩慢、但有效地取得進展；而此時實際主持太平天國軍政事務的左輔正軍師東王楊秀清也同樣意識到了這點，並正試圖組建一支足以在鎮江戰場打開局面，甚至能發揮更大作用的機動部隊。

靜觀時變

至於外國人方面，自一八五四年六月十六日至七月七日，英國公使包令爵士（Sir John Bowring）之子小包令（Lewin Bowring）和翻譯麥華陀爵士[4]所率使團訪問天京。在與太平天國官方進行了很不愉快的正式交涉後，英、法、美似乎達成了心照不宣的默契：儘管長江「黃金水道」的開埠、通商、通航，是他們夢寐以求的，但在目前中國內戰雙方戰局膠著、未來贏家尚不明朗之際，

4　麥華陀爵士（Sir Walter Henry Medhurst）後官至英國駐上海總領事。其父是早期來華倫敦傳道會傳教士。著名漢學家麥都思（Walter Henry Medhurst）在太平天國官方印書中，唯一由外國「凡人」撰寫的《天理要論》，便是麥都思同名宗教理論著作的前八章。

長江對外國人及其商務而言，仍是「高危地域」。因此，暫且順水推舟地回到華南珠江流域，跟清廷所指派、與洋人辦交涉的唯一合法官方代表——兩廣總督葉名琛交涉，似乎更有利些。至於長江，也只能先滿足於占據江尾一隅的上海租界和「五口通商」中的上海開港，這點已不再是「紙面上的開放」，而是千真萬確成了現實。

第二回　天京，鎮江，瓜洲

強基固本

正如前文所言一八五六年年初的中國，正處於「兩國交兵、南北對峙」的局面。在遙坐在開埠已久的香港冷眼旁觀，或就近站在剛「圈地」不久的上海租界隔岸觀火的西洋人看來，這個國家未來的命運撲朔迷離，究竟誰將成為合法的統治者，尚且是件難以判斷的事。

然而在這一年的年初，清廷對自己的命運顯得特別樂觀，特別有自信。

由於「北犯」的太平軍林鳳祥、李開芳部已分別在直隸連鎮（今河北東光縣連鎮鎮和河北景縣連鎮鄉）和山東馮官屯（今山東聊城市茌平縣馮官屯鎮）被消滅，林、李兩人均被清科爾沁郡王僧格林沁俘送京師處死，清廷不再擔心太平軍會再度「直犯京畿」，並在咸豐五年五月初十日（西元一八五五年六月二十四日）裁撤了咸豐三年五月十八日（西元一八五三年六月二十四日）專為組織北京城防、以防太平軍進攻京城的專門司令部——京城巡防處。內閣大學士祁寯藻的弟弟、前江寧布政使祁宿藻於咸豐三年在南京陷落之役中死於太平軍之手，這位道光、咸豐兩代皇帝的老師（以後他還將有幸成為同治皇帝的老師，從而完成「三代帝師」的「帽子戲法」）因此對太平天國恨之入骨，急欲「犁庭掃穴」，讓「王師」收復南京，以報「國仇家恨」。他在自己的詩集中一而言「便從河北移江左，振旅攻成贊帝廷」（《喜聞官軍功克連鎮生擒逆首林鳳祥》），再而言「仰惟宵旰憂，念此孤鴻哀。排雲叫九閶，豁達青冥開。天弧正南指，風雨平三階」（《聞大軍功克馮官屯生擒逆首李開芳河北肅清悲喜交集紀事抒懷》）。很顯然，他詩中表達的，是一種「速攻速勝」的意願，具體戰法則是讓當時坐擁滿蒙漢精兵近四萬人、剛因剿滅太平天國掃北軍而晉封博羅勒噶台親王世襲罔替的僧格林沁率部南下，直接加入圍攻天京的戰事，並將主攻方向定在天京的北面。儘管祁寯藻並不主管軍事，但作為皇帝信任、朝中影響力深厚的元老重臣，他的想法顯然有一定代表性，而且這種對戰事樂觀的情緒，也不可能不影響到曾是他學生的咸豐皇帝奕詝。

很顯然，奕詝此刻的心情和他的老師以及當時大多數滿蒙漢王公大臣們是相近的，大有柳暗花明、如釋重負的輕鬆感，這從他在咸豐五年（西元一八五五年）末、六年（西元一八五六年）初的一系列上諭、朱批中便可一目了然。不過奕詝此時並不打算照祁寯藻等大多數清廷政要的打算行事，讓僧格林沁的「得勝之師」南下進剿。

之所以如此，原因是很多的。

京師巡防處最盛時，僅正規軍就達十四萬九千人之眾，加上團練人數更多，而前線僧格林沁等指揮的一線人馬至少也有五、六萬，這無疑是道光、咸豐兩朝罕見的一次大規模兵力集結。但如此規模的兵力集結是有其前提和代價的，即京城危在旦夕，不得不動員一切可以動員的人力、物力和財力進行自保，此時的動員力可謂達到、甚至突破極限，卻是注定不能持久的。同樣是那位「帝師」祁寯藻，在《祭弟文》（為祁宿藻撰寫的紀念追悼文章）中坦言，自巡防處啟動運作後，因為從各地大量集結調動兵力，加上後勤補給支援等，軍餉「比年靡耗四千餘萬……籌餉一節，正耗錢糧、鹽課、關稅俱已搜剔無遺」，此外還發行了當五、當十、當五十、當百四種大錢和「票鈔」，靠人為製造通貨膨脹來飲鴆止渴，但即便如此也仍然杯水車薪，不能滿足需要，最終還是靠大開捐納之例[5]勉強撐持。這樣沉重的財政包袱在關乎清廷生死存亡的京城保衛戰危急關頭，自然是無可奈何、非背不可，一旦危機感不再那麼強烈而迫切，一向吝惜錢財、在節儉方面大有乃父道光皇帝旻寧之風的奕詝，自然也不能不考慮到財政和後勤軍需保障調度方面的巨大壓力。解散京師巡防處，就意味著將集結於京畿和山東、直隸等省的各路人馬解散，其中大多數從各地調集的人馬各回原駐防地，從京城八旗各營抽調的兵力也散歸各旗，而一部分臨時招募或收降的兵力則分別遣散、編調。許多方志和時人筆記均顯示，不少在一八五三～一八五五年間應募參加清軍的山東人、安徽人，在一八五五～一八五六年間被遣散回原籍，而原

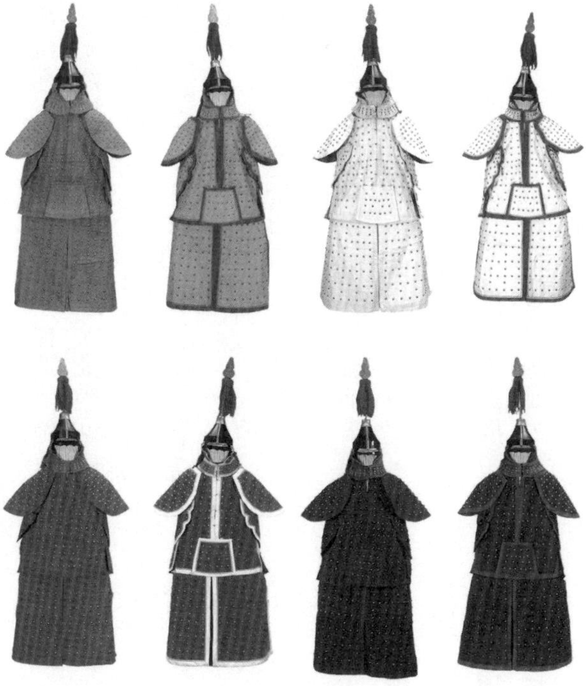

清朝八旗護軍營盔甲。

5 就是賣官，清代原本對捐納有諸如不得捐實缺之類限制，此刻非但一概放開，甚至向富戶豪商強行攤派「紅頂子」換取捐款。

屬太平軍林鳳祥、李開芳部，後投降僧格林沁的悍將詹啟綸、施肇恒等，前者不久後出現在江北大營李若珠部，後者則被遣返老家湖北。很顯然，此時的咸豐帝並不打算為完成「犁庭掃穴」的大計，而讓這支令其財政預算捉襟見肘的龐大軍隊常備化。

當然，他實際上還是保留了一支相當精幹的常備軍——僧格林沁部，這支整編後仍有兩萬之眾的步騎混編部隊，在太平軍「掃北」進入山西、直隸前，事實上是不存在的，「掃北」威脅解除後，這支軍隊雖然也被「瘦身」，但並未被完全拆散，其部分馬隊由西淩阿等率領，分赴湖北、河南「進剿發、捻」，而主力則一直屯紮在近畿。整個咸豐六年期間，這支軍隊的主帥、「威名素著」的僧格林沁，除了母親去世給了一百天事假外，一直以正黃旗領侍衛內大臣（正一品，武職最高官銜）和博羅勒噶台親王的身分「留京師」。

應該說，奕詝是頗有些「居安思危」的前瞻性思維的，這支在他看來既精銳（畢竟打敗了曾一路從長江打到天津城外的數萬太平軍）又可靠（骨幹是清廷倚為長城的滿蒙八旗勁旅，其中還有不少從東三省調來的馬隊）的部隊，是危急時刻可隨時用於「堵漏搶險」的總預備隊，即便再怎麼勞師糜餉，也要硬著頭皮維持下去。但也正因為這支軍隊是如此寶貴而重要，它就絕不可能被輕易用於遠離京畿的戰場——哪怕是攻打「偽都」也不行。

就在一八五六年，僧格林沁的母親[6]去世，照禮法應「丁憂」解職，回科爾沁原籍服喪三年，但奕訢卻以軍情需要為由，讓僧格林沁在北京掛職「持服」一百天。實際上，那支薈萃滿蒙八旗精銳，在清廷看來最可倚賴的「總預備隊」，一直被置於僧格林沁這位既能打仗又讓他們很放心的蒙古王爺的指揮之下。

奕訢的小心是很有道理的：對他這個需要掌控「天下」全域、綜理萬機的皇帝而言，僅僅將對大清朝江山社稷的威脅鎖定為太平天國，顯然是過於短視了。往近的說，山東、河南等地都有規模大小不等的「起事」滋擾，且勢頭越來越猖獗；往遠的說，儘管被他委以「夷務」全權的兩廣總督葉名琛所彙報的語焉不詳，與英、法兩國交涉的情況如雲山霧罩，讓他有些摸不清頭緒，

一八五六年，清軍與太平天國軍隊在天津郊外交戰。

6 僧格林沁因早年過繼給遠房堂叔、額駙科爾沁郡王索特納木多布齋而得以襲封科爾沁郡王，其養母是嘉慶帝三女莊敬和碩公主，早于嘉慶十六年（西元一八一一年）去世，本年去世的是其生母，即蒙古科爾沁旗四等台吉畢啟之妻朱蘭格日樂。

但道光年間的鴉片戰爭距今不過數載，「英夷」倚仗著堅船利炮，在沿海各口縱橫往來，毫無遮攔，並曾直接開到大沽口外找「先帝」道光「評理」，如今他就算再蒙昧於「國際問題」，至少也知道「夷情不穩」（雖然還不知道什麼地方不穩、為什麼不穩），甚至還知道「夷」也並非只有英吉利一家，還有法蘭西、美利堅，等等等等，他們都隨時可能「桀驁不馴」地闖到京師的海上東大門——大沽口或北塘口，來找自己這個「大皇帝」談談——事實上就在咸豐六年的「春王正月」，英國公使包令就和葉名琛就「英國人入廣州城」和「英國公使進京」兩件「老大難」問題，又例行公事地扯了一陣皮，結果照例是不了了之。

他為何回避和洋人對談呢？準確地說，他回避的不是這個或那個談話的主題，而根本就是回避和洋人面對面談話。在他看來，洋人是半開化的野蠻人，和他們談話無論談什麼都是降低了自己高貴的身分。如今打既然打不過，那就只能得過且過，一方面讓遠在廣州的葉名琛繼續敷衍交涉，另一方面讓僧格林沁的這支可靠且精銳的子弟兵替自己看家護院。事後證明，他的這番良苦用心，的確發揮了一定的作用：倘若這支人馬南下或解散，次年英法聯軍真的直逼大沽口時，僧格林沁部也不會有機會以逸待勞，取得了清代第一次外戰的戰役性勝利——第二次大沽口會戰大捷。

清朝京城海上門戶——北塘炮臺，仍然是傳統的三合土城垣，缺乏現代海防炮臺所必需的多角度多層次火力和有遮蔽的交通壕。

被攻破的要塞，可見外牆是三合土造的，很容易被新式炮火擊穿，外面的壕溝挖得也不深。

被攻占的北塘炮臺內部，遺棄的炮。炮架和炮彈都是舊式的。

北京的另一座海上門戶——大沽炮臺，一八五六年時美國公使伯駕曾打算從此處或北塘闖入北京。

欲攻無力

然而這並不意味著他沒打算速戰速決地剿滅太平天國，或對獲勝缺乏信心：一八五六年一月八日（咸豐五年十二月初一日），江北大營統帥托明阿、陳金綬、雷以諴聯名奏報江北軍情，當奕詝聽說「長圍」工程告竣、清軍步步緊逼瓜洲、江北軍情有望肅清之時，興奮地歡呼太平軍的形勢已「窮蹙」，諭令托明阿等「分別保奏」有功人員。他還對江北大營報銷建造戰船[7]及水戰洋炮費用的請求慨然照准，因為照前線將領的彙報，強而有力的水師是攻破太平軍天京－鎮江－瓜洲三角防禦體系不可或缺的要素，而疲於奔命的五十艘紅單船是遠遠不夠的。

與此同時，他還不厭其煩地頻繁指示天京城外的江南大營，必須採取更積極的行動掃清天京城周邊太平軍據點，為最後對天京的總攻掃清射界。對寧、鎮兩地的攻圍部署，他顯然是相當滿意的：向榮久歷戎行，吉爾杭阿則剛剛取得攻滅上海小刀會的經驗；兩支大軍又呼應聯絡，互為掎角，加上長江江面的「制江權」已在清軍手中，在年內攻破天京城、消滅太平天國，還是大有希望

7　一艘西洋式帆船，四艘「大頭猛」廣艇，六艘快蟹廣艇，二艘龍艄快艇，共十三艘大船，又十三艘小三板船。

的。即便暫時做不到，至少也應該能拿下鎮江、瓜洲兩處要塞（或其中一處），縮小，對天京城的包圍圈。

但習慣於在紫禁城養心殿或圓明園裡「遙控」遙遠戎機的他並不清楚，這三處用兵重點，都存在著「中樞神經症候群」，並極大影響著清軍前線的攻勢和戰鬥力。

先說江北。

原本統籌一切的琦善固然年邁昏聵，但畢竟有一定的名望和地位，尚能將各地拼湊的近兩萬人馬統籌調配。待琦善物故，托明阿繼任，地位名望遠不如琦善，顢頇卻猶過之，江北軍情勢如散沙，對彈丸之地的瓜洲也久攻不下，只能借「長圍久困」四個字敷衍塞責。

江南大營是三路大軍中的主力，向榮是綠營健將，且長期與太平軍作戰，經驗豐富，但此時他年事已高，腳上傷疾又發作，早已行動不便，加上「疏舉不公」，偏袒信用親信私人，對部隊的控制力大不如前；副帥張國梁不得不疲於奔命，到處「救火」，勢成強弩之末。那麼，這樣的一支「勁旅」，對天京城的威脅究竟如何一八五三～一八五四年居住在天京城內、後逃出暫住清軍控制的城郊的金陵人馬壽齡，在《金陵城外新樂府》裡形容清軍的紀律是「主將搖手不能止，賊人竊從壁上觀」，形容戰鬥場面是「長官安坐既無統，眾士聲嘩又無律。彼此相距半里餘，槍炮縱橫互得失。驗傷給養上中下，論功分品五六七」，形容戰爭前景是「賊首莫來我莫往，屢誤依然需內應」。很顯然，這位曾經參加過聯絡天京城內親清方人士並策反部分太平軍將領、以圖策應江南大營清軍進城的「張繼庚內應事件」、事敗後僥倖逃脫的當地文人，對這支軍隊的戰鬥力並不抱太大希望。他本人是絕對親清方的，又熟悉並關注雙方情況，這些近乎「新聞簡報」的詩詞中對江南大營的「負面描寫」，自然較官樣文章有更強的說服力和參考價值。

至於鎮江一路，吉爾杭阿是三路大軍中唯一以地方主官身分掛帥的主將，這在當時的清方將帥中絕對算是個異數（後面會詳細提到何以如此）。由於有「地頭蛇」接濟，又有上海這個新開財源做後盾，這支清軍的軍需後勤問題較諸屢屢鬧餉，甚至動輒發生「搶糧台」事件的江南、江北大營，自然要好得多。但鎮江方面的清軍實際上是由江蘇地方軍、募勇和江南大營分遣的援軍組成，各路人馬素質和戰鬥力參差不齊，且主帥吉爾杭阿跟副帥余萬清之間互不買帳、齟齬不斷，嚴重影響了軍隊的戰鬥力。

對於江西、湖北、安徽等戰場，奕詝似乎分身乏術，僅希望它們發揮牽制作用，在他看來，只要這些縱橫千里的「次要戰場」都能牽制住一部分太平軍，待天京－鎮江－瓜洲這個關鍵的「鐵三角」僵局打破，就一切迎刃而解了。正因如此，不論稍占上風的安徽、湖北，還是捉襟見肘的江西，他都擺出一副「你們自己看著辦」的姿態。

暗度陳倉

與此同時，太平天國方面在這一年初卻給人以戰略指導思想不清不楚的感覺。

天京城防的直接指揮者原本是石達開，自丙辰五年（西元一八五五年，清咸豐五年）後換成韋昌輝，他布置了嚴密但略顯保守的城防體系，以「守險不守陣」，即強調控制要害，而非在城防工事上平攤防守兵力的戰法，和清軍在天京城東、南各要點反覆爭奪，打起了消耗戰。但湖北、安徽戰局反覆度告急。「一八五五年秋蕪湖、廬州（今合肥）相繼陷落後，天京城的軍需糧食供應再度告急。這樣的消耗戰顯然對疆土狹窄、始終處於包圍圈中作戰的太平天國極為不利。

鎮江、瓜洲兩座重鎮是天京城下游屏障，但自「制江權」喪失後，三地間的聯絡變得斷斷續續。鎮江、瓜洲兩地只能依靠工事和將士們的頑強苦苦支撐，倘沒有有力外援，陷落恐怕只是時間問題。

這種被動局面許多人在當時就看到了，也正因如此，親清方的人士才紛紛提出直搗天京的戰略方針，因為至少從表面上看，這不僅是結束這場戰爭最直接的方法，也是最容易的方法。

然而就在一八五五年年底一八五六年年初，太平天國軍政大權的實際掌握者——左輔正軍師東王楊秀清，已悄然做出了一個當時不易為人察覺、實際上卻意義重大的決策，他將自己的心腹分遣到安徽、江西等地沿江各軍、各要塞。

楊秀清是個孤兒，為壯大自己聲勢，起兵後認了許多同姓不同宗的將士為兄弟、子侄，稱為「國宗」，同時將一大批有功親信提拔為東殿承宣。原本楊姓國宗和韋姓、石姓不同，基本上留在天京，為楊秀清充當幫手、耳目，如今卻和東殿承宣中的佼佼者一起成批外派，這實際上表明，楊秀清對戰爭全域和自己的處境，早已了然於胸。

與咸豐牢牢掌控僧格林沁部這支「總預備隊」不放一樣，楊秀清也正努力尋找著一支打破僵局的機動部隊。

事實上，清廷的各路統帥，也同樣在緊張地尋找著這支可能改變戰局的太平軍，而他們關注的焦點，則多半集中在江西這個幾個月來戰爭最緊張的戰區。

正因如此，上至皇帝，下至各地督撫和曾國藩、胡林翼等各地統帥，都不斷提醒江南大營，要看牢天京東南門戶——溧水，謹防江西太平軍偷襲。

江西，這個兩江總督治下最不起眼的省分，此刻儼然成了最令清廷提心吊膽的地方，也成了太平天國版圖內的「明星省」。

第三回　兩個江西省

被遺忘的角落

江西自元代起始建行省，明、清兩代均沿襲，至一八五六年時，全省轄四個道（糧儲兼南撫建、饒廣九南、袁瑞南臨鹽法、吉贛南寧），十三個府（南昌、建昌、撫州、饒州、九江、廣信、南康、袁州、臨江、瑞州、吉安、贛州、南安），一個直隸州（寧都），共管一散州、四散廳、七十四個縣，屬兩江總督節制。軍事上，江西全省不設駐防八旗，綠營因不設提督，最高指揮官為江西巡撫（兼任提督），駐南昌府，管下有九江、南贛兩鎮總兵，袁州等四協副將，廣德等各營參將，以及袁州等更小單位汛地防兵和撫州水師營，原來水陸兩路綠營兵額定員數近三萬人，但多次裁撤後只剩約二萬，且布防分散，空額冗多。咸豐三年（西元一八五三年）曾國藩曾上奏朝廷，說綠營兵總額六十多萬，空額達六七萬人，說的雖是全國情況，但同樣能反映出江西防兵的空額問題，也就是說，這二萬左右的省防常備兵員，恐怕至少缺編二千人。

長期以來，江西之於清廷，一直是個不太引人矚目的行省。該省隸屬明清兩代財賦錢糧最集中的兩江總督轄區，卻既不像江蘇那般富庶，又不像安徽那般扼南北漕運的要衝，加上「民風柔弱」（曾國藩的評價），不似皖北那樣剽悍難制，也不若江南那般因知識分子多、和前明有千絲萬縷聯繫，而總讓清廷忐忑不安。除了清初追剿南明之際曾爆發過李成棟、金聲桓起兵反清事件外，歷次兵禍都和江西關係不大，因此一向被清廷視作無須多做布置的行省，長吏的選擇多為因循守成之輩，防務布置也相當鬆懈，且歷次大規模裁軍幾乎都免不了先拿「不需要多費工夫」的江西開刀：順治年間，江西綠營裁軍三千人；康熙初年，南贛巡撫被裁撤；康熙七年（西元一六六八年），江西提督的專職被取消，改為巡撫兼任；康熙三十四年（西元一六九五年）大裁軍，史載「裁撤最多」的便是江西境內的南贛鎮（原本中、前、後、右、左五個營二千人，裁掉左營，減少額兵千餘人）和九江協（原本轄左右二個營二千人，裁為一個營，減少額兵九百餘人），這樣做的主要目的，當然是減輕財政負擔——既然江西沒有太多需要防守的目標，那麼又何必設這麼多冗員冗兵呢？

咸豐三年太平軍「奄下東南」之初，江西同樣是「風景這邊獨好」：周圍各省的省城武昌、安慶、南京均被攻破；南京還成了太平天國的首都天京，武昌和安慶則是多次被攻破，而江西卻僅有九江一府被兵，九江府下屬的湖口、彭澤兩縣遭太平軍「過路」而已，且太平軍在上述三城停留的時間均不超過一天。

外國人似乎對江西也並不是那麼在意。法國遣使會江西主教田嘉璧（L. G. Delaplace）是第一位有系統談及太平天國運動的法國人，早在一八五二年十月六日他就致信里昂、巴黎布道會理事，不厭其煩地介紹這個被他誤以為「新教徒運動」的大事件。在這些信中他談到太平軍在湖南、湖北的軍事行動，並預測他們將向「江南」發展，還敘說了許多道聽塗說的太平軍、拜上帝會的傳聞，卻唯獨幾乎未曾提及他所居住的江西。很顯然，他覺得太平軍對這個省不會有什麼興趣。

太平軍定都南京後為解決軍需問題開始溯江西征，江西省會南昌也因此在癸好三年五月二十至八月二十日（一八五三年六月二十四日～九月二十四日，清咸豐三年五月十八至八月廿二日）遭到太平軍賴漢英、石祥禎部圍攻，但因清方主將江忠源的死守而未能得手。此後太平軍在江西全省的勢力範圍，就僅限於九江府、湖口縣、瑞昌縣等北部沿江少數府縣，其目的顯然是掩護長江通道，保障上游武昌和下游安慶、天京間太平天國轄區的聯繫。

儘管實際上只占據了兩三座城池，但太平天國按照他們一貫的鋪張風格，在他們控制的這一小片江西省土地上，建立了一個麻雀雖小、五臟俱全的「小江西省」，即「改九江府為江西省（意即江西省會），改湖口縣為九江郡」[8]。此時太平天國尚沒有省級行政機構和主官，在郡、縣兩級則分別設立郡總制、縣監軍，相當於清廷的知府、知縣，而整個「江西省」的軍政大權，則主要控制在九江守將殿右十二檢點林啟容手中，但他似乎並不能節制官階與他相等但資格卻比他老得多的湖口守將東殿左卌一承宣黃文金。

一八五四年湘軍初起，氣勢強盛，從湖南殺到湖北，奪取武漢三鎮，之後又從湖北沿江而下，一路勢如破竹，不意卻於一八五五年年初在九江、湖口碰了個硬釘子，湘軍水師被截為外江（長江）、內河（贛江和鄱陽湖）兩部，均暫時喪失戰鬥力。湘軍統帥曾國藩於咸豐五年（西元一八五五年）初進駐南昌，卻因只有軍權沒有地方行政權而一籌莫展，只能眼睜睜地望著北方那片把自己軍隊一分為二的洪氏江西省徒呼奈何。

儘管如此，不論清軍還是太平軍，在一八五五年的大部分時間裡，也仍然未曾把江西省本身當作重要的戰略目標，而更多將之當作進取其他目標的跳板。正因如此，九江－湖口戰役後，兩軍在長江中游的爭奪焦點，很快便轉移到西邊的湖北省，尤其是武漢三鎮附近，而「兩個江西省」間的對峙則似乎被

---

8 因為九江已升為省會，所以把其所屬的湖口縣升格為郡治（太平天國稱「郡」不稱「府」）。

大家淡忘了。

然而江西省的戰略地位，其實已在不知不覺中悄然發生著轉變。

共同關注

對於清朝來說，江西一隅不穩，就意味著上游的湘軍無法構成對天京的壓力，意味著天京始終不能澈底合圍。不僅如此，江西不靖，還令更南方的重要省分——「夷務」前線廣東，失去迴旋縱深。這個當時中國最開放、貢獻軍費（海關收入）和軍需（洋炮及軍火彈藥）最多的省分，剛剛遭罹天地會「紅兵」圍城之禍，此時又被英國人、法國人以各種各樣的口實和理由陰魂不散地糾纏著，許多清朝的大人物都相信，那裡遲早會出事，會出大事（儘管他們絕大多數人憑自己有限的「國際及地緣政治知識」，還難以研判這裡到底會出什麼事）。

對太平天國來說，就更是如此。

儘管九江－湖口戰役的勝利避免了太平天國的大崩盤，上游的武漢三鎮也重新掌握在自己手裡，但兵員的損耗和水師的衰落，讓太平軍難以在天京－鎮江－瓜洲、安徽、湖北等任何一個戰場上獲得局部優勢，甚至連均勢都不易維持。此時太平天國的態勢，是依託「天京鐵三角」死守，而毗鄰的以安徽省城安慶為中心的皖北占領區，則是「鐵三角」得以持久支撐的補給源。但這個補給源因廬州的陷落已大為縮小，而清朝上下游水師力量的不斷充實，又注定將切斷連接補給源和被補給物件間的「血管」。如果延續這種打法，無異於慢性自殺。

定都天京後太平軍傳統的上游戰略，是沿著長江布置據點並向四周輻射，除沿江據點外，內陸郡縣只作為收集軍需（特別是糧食）的目標定期掃蕩，而不作長久占據的打算。這樣做的優點，是可以節約本就捉襟見肘的兵力，缺點則是一旦水路出現問題，各據點就會變成一個個孤立的「釘子」，非但無法為天京「輸血」，自己都將面臨「失血」的問題。

原本在一八五五年年底，太平軍的上游戰略，依然是以武漢三鎮為根本，沿江展開，並與湘軍爭奪湖北，為此調動了兩支太平軍主力：國宗提督軍務韋俊、洪仁政（天王洪秀全族兄）駐守三鎮，持守勢；翼王石達開自安慶西上援鄂，持攻勢，兩路各號稱二萬人，按照太平軍「二千五作一萬」的習慣，實際上各不過五、六千人。

清軍在湖北有八旗、綠營和湘軍等多支新、老軍隊，總數有萬餘人，主力為署理湖北巡撫胡林翼部湘軍，其中陸軍六千人，大本營設在金口（今湖北武漢市江夏區金口鎮）；水軍在先前的九江－湖口之役損失慘重，後又遭到風暴襲擊，一時喪失戰鬥力，只得在新堤（今湖北洪湖市新堤街道辦事處）設立船廠，修復破損船隻，同時新建三板等小型戰船[9]，此時已恢復元氣，楊載福、彭玉麟則成為名噪一時的「水師名將」。此外，前面提到的從僧格林沁處分出的四千五百名清兵由西淩阿率領，進逼武漢三鎮北面，其部署更多是防禦性的，目的是堵住武漢太平軍「北犯」畿輔之路。

胡林翼是湘軍中第一個獲得督撫身分的統帥，這讓他獲得了較其他將帥更大的後勤靈活性，可以就地動用地方財政解決軍需問題，也可以直接節制省內府州縣各級行政機構、官員，使之更有效率地為自己的軍隊服務；而在此之前，湘軍即便在自己老家湖南，也仍是一直仰賴財政撥款、需看地方臉色的「客軍」。由於省內尚有官文（湖廣總督）、西淩阿等多支旗、綠軍和地方武裝，湘軍可以全部用於機動野戰，加上戰區範圍有限、水路暢通，湘軍儘管需兩線作戰，卻可以逸待勞、從容應對。

在這種形勢下，儘管石達開、韋俊在太平天國方面都是號稱「能軍」的第一流將帥，卻遲遲打不開局面。武漢三鎮自一八五六年一月初起被合圍，石達開部在鄂東的進展也步履艱難。

在這種情況下，楊秀清、石達開開始調整戰略思路，將目光轉向鄰近的江西。

江西省防兵人數少、戰鬥力差，南昌防兵只剩二千人，全省募勇一萬六千人，卻分散各地，不相統屬，早已腐朽不堪，省防主要靠湘軍水陸師。水師因九江－湖口之敗，在江西內河最初只有三板小船（後不得不將原本為恢復江西水師而造的長龍船三十條調撥給湘軍，又另添造快蟹船十艘），行營、住宿不便，官兵生活困苦，疲憊不堪，士氣十分低落，當時主力駐泊於南康府青山（今九江市星子縣青山鎮）。陸軍入贛者號稱一萬一千精銳，卻被分成三股——羅澤南五千人、李元度三千人分別被牽制在九江、湖口城下動彈不得，周鳳山部三千人遠在贛東。坐鎮南昌的曾國藩雖有欽差大臣關防，卻只能管軍，不能管民，湘軍實際上仍然是江西省的一支「客軍」，後勤與同地方配合、保障都障礙重重，曾國藩屢屢向朝廷請求兼任督撫，「以一事權」，然而清廷怕的原本就是這個「一事權」，以免地方勢力尾大不掉，故對曾國藩的建議或不置可否，或以「祖宗成法」搪塞。

很顯然，相對於湖北，江西省的清軍力量更加薄弱，一旦在江西得手，太

9　湘軍水師小型戰船在九江－湖口戰役失敗後被隔絕在江西內河，只剩大船的湘軍外江水師失去戰鬥力。

平軍各占領區間的聯絡，便可不再單純依賴越來越靠不住的水路，更可對江南大營側翼構成威脅，從而極大改善太平天國的戰略態勢。

江西劇變

太平天國乙榮五年十月十八日（西元一八五五年十一月二十四日，清咸豐五年十月十五日），石達開率精兵萬餘人從湖北通城出發，神速進入江西省境。清江西省防軍倉促應戰於義寧州馬坳（今江西九江市修水縣馬坳鎮），結果戰敗，剛上任不久的南贛鎮總兵劉開泰陣亡。十一月初三日（西元一八五五年十二月九日，清咸豐五年十一月初一日），太平軍占領新昌縣城（今江西宜豐）。

在新昌，石達開兵分三路。

北路由殿左廿七檢點賴裕新率領，經棠浦鎮進攻瑞州府，在這裡遭遇湘軍平江營抵抗。雙方激戰一晝夜，平江營大敗，營官李錕、劉希洛等陣亡，太平軍於十一月十二日（西元一八五五年十二月十八日，清咸豐五年十一月初十日）奪取瑞州府城。一八五六年年初，賴裕新分兵略取奉新、靖安、安義等縣，和原駐守九江、湖口的太平軍林啟容、黃文金等部轄區連為一片。

中路是石達開親率的主力，隨行大將還包括春官正丞相張遂謀、夏官又副丞相曾錦謙等。這支大軍自上高出發，在賴裕新部攻下瑞州府城的同日攻下臨江府城。石達開隨後駐節於此，分兵攻打吉安、撫州兩府各屬縣。

太平天國丙辰六年正月廿五日（西元一八五六年三月一日，咸豐六年正月廿五日），石達開親自督戰，太平軍在大雪中用地雷爆破，攻破堅城吉安府，斬清江西按察使周玉衡等大小官員四十一名。二月十七日（西元一八五六年三月二十四日，清咸豐六年二月十八日），石達開在樟樹鎮大破湘軍周鳳山部，殺死千餘人，其殘部潰退南昌省城，造成「省城大震」的恐慌效果，許多人「奪門奔走」以至於自相踐踏而死。二月廿一日（西元一八五六年三月二十八日，清咸豐六年二月廿二日），太平軍又攻下撫州府城。

南路原由檢點胡其相率領，後改由護天豫胡以晄、參天侯黃玉琨率領，自上高南下，經新喻水北進軍，連克新喻、峽江、萬載、

清軍與太平天國軍隊在瑞州交戰。

分宜；太平天國乙榮五年十二月初二日（一八五六年一月八日，清咸豐五年十二月初一日），攻克袁州府城。

對於江西局勢的突變，不論遠在北京的咸豐皇帝奕詝，或近在南昌的曾國藩，均有些措手不及。奕詝先後命令湖南巡撫駱秉章、兩廣總督葉名琛分別派兵數千增援江西，而曾國藩本人則連調湖口李元度部和不久前被派往湖北增援的羅澤南部回援。胡林翼、羅澤南一開始判斷失誤，貪攻武漢，未曾全力增援江西，等反應過來為時已晚；而湘軍前期頭號悍將羅澤南，也在此期間死於武昌城下。

截至一八五六年四月，石達開部連克江西七個府、四十七個縣，其中鞏固的有七府三十九縣，加上原就占有的「江西省」（即九江）四個府縣，江西十三府一直隸州中有八個府（九江、瑞州、袁州、臨江、吉安、撫州、建昌、南康），四十三個縣（瑞昌、湖口、彭澤、安義、餘干、樂平、浮梁、德興、安仁、萬年、豐城、進賢、奉新、武寧、新淦、峽江、新喻、上高、新昌、分宜、萬載、泰和、吉水、永豐、安福、萬安、永新、龍泉即今遂川、崇仁、金溪、宜黃、樂安、東鄉、新城、南豐，外加九江府附郭縣德化、南康府附郭縣星子、臨江府附郭縣清江、瑞州府附郭縣高安、袁州府附郭縣宜春、吉安府附郭縣廬陵、撫州府附郭縣臨川、建昌府附郭縣南城），均被納入「太平天國江西省」版圖，占領區面積壓倒了清朝的那個江西省。

這種前所未有的局面不僅令坐困南昌、連情報都很難送出去的曾國藩焦頭爛額，就連江西境內許多紳士、士子也「靡然以為天覆地拆，不復作反正之想」，開始「甘心蓄髮」相從，試圖通過為「新朝」效力獲取一官半職的晉升之階，或「自肥」的生財之道了。

就連遠在香港、上海甚至倫敦、巴黎的外國人，如今也開始關注江西所發生的劇變。一些商人抱怨傳統的由江西運往廣州的茶葉商路被戰火切斷，而傳教士〔如法國天主教江西、浙江教區主教當尼庫爾（E. Danicourt）〕們則紛紛向外界敘述他們本人或其信徒在戰區的見聞。當時遠東一些西文報刊上，已出現「江西將會發生什麼」的討論話題。

恐怕最富想像力的人士此刻也不會想到，一場更大、更驚人的風暴，即將從這裡刮起，並波及整個中國。

第四回　紅軍

不速之客

一般認為，太平天國左軍主將翼王石達開從湖北殺入江西時，手下有二萬多人馬，但這個數字可能是錯的。

石達開在一八五五年年底進軍湖北時，的確有二萬多人馬，但前面說過，石達開最初接受的任務，是和湖北太平軍韋俊部夾擊並殲滅湖北清軍，尤其是湘軍胡林翼部，最低限度，也要確保武漢三鎮不失，因此他先後兩次分兵增援韋俊，第一次人數不詳，但多稱「數千」，第二次則號稱四千人，倘認定兩次增援兵力相近，則僅此一項就已經分走七、八千人。他進軍江西時並非全隊開拔，而是留下一部分人馬在湖北佯動，這些人馬少說也應有兩三千人，如此算來，石達開初入江西時的兵力，充其量只有一萬五、六千人，如果按照太平軍

「二千五作一萬」的習慣除以四，則更只有四、五千戰鬥兵。

很顯然，僅靠這一點點兵力，偷襲可以，但大規模攻城掠地就會顯得力不從心，不分兵無以擴張地盤，而一旦分兵，原本有限的兵力就更會處處單薄，很容易被曾國藩這樣的危險對手抓住要害，各個擊破。

正因如此，在最初的一段時間，即太平天國乙榮五年十月十八日（西元一八五五年十一月二十四日，清咸豐五年十月十五日），石達開自通城進入江西省境起，至十一月初三日（西元一八五五年十二月九日，清咸豐五年十一月初一日）占領新昌止，石達開一直謹慎地將主力捏成一個拳頭集中使用，而將牽制、佯動之類的任務，全部交給本就在江西境內的黃文金、李遠繼、胡鼎文等部。

但在新昌待了十天左右，石達開的用兵風格，忽然從小心翼翼變作大膽潑辣，他不但在一八五五年年底、一八五六年年初分兵三路，分頭攻略贛北、贛中、贛南各府縣，到了太平天國丙辰六年新歲之後，更將原本的三路人馬又分出許多路來，從而加快了攻城掠地的進度。

原本這是十分危險的舉措：曾國藩老謀深算，入贛湘軍正調整部署，而清廷和曾國藩本人從鄰省搜羅來的多路援兵，也已開始有所動作了，一旦這些「分散的小隊」被逐漸集中的敵軍所捕捉，江西戰局就會發生戲劇性逆轉。

然而這一幕卻並沒有出現，江西太平軍非但堅強頂住了幾乎每一路清軍的反撲，且絲毫未曾放慢擴張的速度。

之所以如此，是因為石達開部固然「分散」，但分散出的每一路都不是什麼「小隊」，而是數千人、上萬人的「大隊」。

他入贛時不是最多只有萬餘人馬嗎？怎麼不到兩個月時間，兵力就一下變得充裕至此？

這就要說說比石達開稍早一些，從南方闖入江西省的「不速之客」了。

天地會

這些人來自廣東的天地會，當時的人們習慣叫他們「紅軍」。

天地會又稱洪門、三合會、三點會等等，是歷史悠久的反清團體，何時起源，說法不一，但最遲也應在乾隆廿六年（西元一七六一年）就已成形。這個組織的宗旨是反清復明，因此會眾自稱「洪門兄弟」（「洪」指代朱元璋的年號「洪武」），自我介紹時常說「本姓某，改姓洪」，採用祕密「堂口」的方法組織、活動，一方面「天下洪門是一家」，只要通過複雜的暗號切口核實彼此身分，即便素不相識也可以得到洪門兄弟的幫助，但另一方面，各堂口之間並無密切關係，往往各行其是。

既然要反清復明，那麼就免不了起兵造反，在這點上天地會也顯得特色鮮明：因為要表明自己是「大明忠臣」，所以但凡天地會系統起兵，首領通常自稱「大將軍」、「大元帥」，卻絕少稱帝稱王——因為只有姓朱的人才有資格稱帝王，這一「潛規則」直到清咸豐五年（西元一八五五年）才被廣東天地會陳開、李文茂等在廣西潯州（今廣西貴港市桂平）局部打破。陳開、李文茂等四位首領稱王，建國號「大成」，年號「洪德」，但仍然不敢打破「稱帝」這天地會的最後一條禁忌。

天地會的堂口遍布全國，連當時漢族人口很少的東北、新疆都有其活動，因此民間有「合字一條線，洪門一大片」的說法，意思是說，運河漕幫（青幫）分布很集中，基本上侷限在運河一線，而天地會（紅幫）則遍地開花。儘管如此，南中國的福建、臺灣、廣東、廣西、湖南等省，仍然是天地會最為活躍的地區。

相較於臺灣、福建，廣東天地會算是「小兄弟」，起步稍晚，但到了道光、咸豐年間卻大有後來居上之勢，這當然不是偶然的。

首先，在「五口通商」之前，廣州是中國唯一對外開放的口岸，自然也成了輸送量最大、碼頭工人和苦力最集中的地方，而這些相對無牽掛的壯年男子，恰是最容易被天地會「互助、講義氣」理念所吸附的物件；此外，由於是唯一的「大碼頭」，廣州成了百物集散、萬商輻輳之所，聯絡、傳播任何東西都有更高效率。當時傳播基督教的外國傳教士也正是看中了這一點，才不約而同薈萃於廣州。「洋和尚」能看透的道理，土生土長的「洪門」當然也不會看不透。

其次，鴉片戰爭時期清廷封疆大吏在廣東大規模募勇備戰，並號召沿海各府州縣興辦團練，而能在短時間

一八五六年前後廣州繁榮的街市場景。

內召集大量壯丁備戰且又對此有濃厚興趣的勢力，就包括「洪門」。正因如此，道光末年廣東天地會得到極大發展，許多地方的團練實際上被天地會控制。鴉片戰爭結束後，清廷大量裁撤戰時招募的勇丁、雜役，加上戰爭對經濟所造成的巨大衝擊，這些「退伍老兵」既無法維持新生活，又難以回歸舊生活，他們中不少人便投向唯一能帶給他們希望和溫暖的「洪門」等社團（有些人本來就是「道上兄弟」），令廣東天地會勢力更大。

當時廣東「拜兄弟」的人數眾多，中下社會階層裡幾乎所有行當都被捲入，如東莞石龍天地會首領何六，原本是開米鋪的；番禺縣太和鎮沙亭崗天地會首領周春，原本是種菜的；後來成為「大成國」四王之一的廣州江村黃婆洞天地會首領李文茂，原本是粵劇演員；後來投入太平天國、在本書所敘述的整個時段都是鎮江與瓜洲主將的廣東嘉應州（今梅縣）人吳如孝，在廣東參加天地會時，是廣州城外專門從事進出口貿易的「十三行」洋行司會計；另一個天地會出身的太平天國名人、當時已被殺的掃北軍主帥之一廣東揭陽人林鳳祥，參加天地會時是個「無業遊蕩」的流民……洪秀全開始傳教時，所遇到的就是這樣一個到處是「洪門弟兄」的「天下」，他本族的許多族人也是天地會會眾，如他的堂兄、後來做到恤王的洪仁政就曾因為「拜兄弟」，被親官府的團練燒了房子。

廣東天地會活動能力強，相應的，廣東各級地方官和親官府勢力對付天地會的能力也「首屈一指」。受到壓迫的廣東天地會，部分選擇了向周邊壓力較小的地區擴張。他們中許多人是「混碼頭」的，因此這種擴散也往往沿著水路發展，其中一些會眾溯西江而上，進入廣西，另一些則沿著北江擴展到湖南，更有相當一部分索性漂洋過海，成為「外國洪門」，本書所述時段開始前不久剛剛被鎮壓下去的、在上海和福建鬧得轟轟烈烈的「小刀會」，就是這種洪門分支，而今天遍布世界各地的致公堂、民治黨，追根溯源，也都和當初的「洪門出海」一脈相承。廣東天地會會眾活動能力很大，當時清廷有人將廣東、廣西天地會分別稱「廣馬」、「土馬」，認為前者戰鬥力遠勝後者，如果一支「土馬」隊伍裡混入幾個、十幾個「廣馬」，戰鬥力往往能得到立竿見影的提高。

兩廣天地會起兵原本在太平天國之前，因此當時主持金田團營的蕭朝貴才假託天兄（耶穌）之口，說「八方燒起，起不復熄」。在金田團營前或同時，廣西境內活躍著許多天地會武裝，如陳亞貴、李元發、羅大綱、張家祥、任文柄、大頭羊、蘇三娘、大鯉魚等，他們中有的在山區活動，有的則在水面活動，吸引了清廷的注意力和攻擊力。[10]太平軍能在廣西從容發展壯大，和天地會的這種「掩護」甚有關係。在清軍重壓下，廣西天地會堂口發生分化，有的繼續就地活動，如後來名垂青史的劉永福最初的「盟主」，就是名不見經傳的廣西天地會小堂主、廣西南寧府遷隆寨旗頭鄭三；有的降清，如本書敘述時段中已是江南大營第一名將的張國梁，正是前面提到的張家祥，而後來因鎮南關大捷名揚世界的馮子材，也是此時以會黨小頭目身分降清的；還有一些則投入了太平軍中，如羅大綱、吳如孝、劉官芳、李能通、何明彪等，都是原先天地會的大小頭目。他們的加入不僅為太平軍增添了許多久經沙場、經驗豐富的百戰之士，而且還在關鍵時刻給予太平天國決策層許多戰略方向上的啟迪，如太平天國之所以能攻下第一座城市——永安州（今廣西蒙山），和羅大綱在此前一年曾以天地會首領身分偷襲永安州得手有關，而攻打桂林不下後北上湖南，而非照原計畫去廣州、香港，則和湖南郴州天地會部分會眾投奔後的建言不無關係。甚至，太平軍最終將進取南京作為遠征的目標，也或多或少受到天地會的影響——那正是「我大明」的都城。

當太平天國勢力迅速膨脹，名聲很快壓倒天地會，成為清廷頭號大敵後，又反過來開始影響廣東天地會的行動。當時有一種流傳很廣的謠言，說洪秀全本來不姓洪，而是因為拜了天地會楊大鵬、朱九濤為師，為便於號召才「改姓洪」的——這顯然很符合「洪門」的傳統慣例，而後太平軍越走越遠，廣東天地會的「太平軍印象」也就越來越一廂情願，離題萬里。據現今保留下的天地會方面文告、信函顯示，在一八五三年太平天國攻下南京後，廣東「洪門」聽

---

10 如重新被啟用的欽差大臣林則徐和前文多次提及的向榮，最初領到的任務都是鎮壓「會匪」——這通常指天地會的反清武裝，而「拜上帝會」在當時多如牛毛的天地會堂口掩蓋下並不受清方重視，甚至許多人一開始根本不知道這支力量。

說太平軍「光復大明都城」、在南京「虛立朱洪竹小主之位」、一切制度都仿效明朝，非但大受鼓舞，而且甚至有些感到慚愧——「金陵兄弟」能做的事，歷史悠久的廣東「洪門」為什麼就不能做呢？

於是在一八五三年春夏之際，廣州周圍許多縣鎮，就被半公開的「紅兵」所占據，他們中有的仍照「洪門」規矩自稱「反清復明」，有的則假託太平軍旗號，更多的則兩樣都做（反正他們自己也誤以為太平軍就是天地會）。這年六月下旬，由洪秀全從天京派遣、給自己美國籍宗教老師羅孝全（Issachar Jacox Roberts）送信的信使葉師帥，在兩次送信遇阻後就曾直接去天地會堂口投訴，「洪門弟兄」不小心弄壞信封後，他們居然還合夥做了個蓋有「太平天德王」印的假信封，裝入真信，再度送上羅孝全的門，結果被羅孝全的鄰居美國醫生伯駕（Peter Parker）鑒定為「真貨」。

伯駕並非尋常醫生，他參加過《中美望廈條約》談判，一八四七年擔任過美國駐華臨時代辦，一八五五年，也即鑒定這封信後兩年，成為首任美國駐華公使，是個見多識廣的人。但他當時對這個天地會偽造的印章毫無察覺，信以為真，這表明在當時外國人心目中，太平軍和天地會本來就是「一家人」。至於「洪門兄弟」，敢在信封上使用「太平天德王」這個太平天國絕不認帳的天地會口號作假，表明他們也依然認為洪秀全的「洪」和洪門的「洪」，都是一回事——事實上，當時清廷大多數官吏也同樣是這麼認為的。

這時廣州附近的許多天地會都是以「灰色」面目出現的：一方面，他們是「洪門」，甚至偶爾冒充太平軍以壯聲勢（尤其在洋人面前）；另一方面，他們是「團練」、「社學」，打著當時很順應民意的「反洋人入廣州城」旗號，同官府虛與委蛇。到了一八五四年，這種「兩頭吃」的把戲終於演不下去了。

咸豐四年（西元一八五四年）五、六月間，廣東天地會在東莞、佛山等地率先公開舉起了反清旗號，「紅軍」迅速遍及整個珠江三角洲。當時陸軍號稱數十萬，水軍有大海船數千艘。他們圍攻廣州半年之久，在此期間，還曾多次表達自己和太平天國的「一體」，甚至有天地會中的「智者」，對廣東天地會各堂口四分五裂、互不配合的局面痛心疾首，寫信給佛山天地會首領陳開、甘先，希望他們學習「金陵兄弟」，包括設立各級官職、凡事共同商議配合，以及「虛立朱洪竹小主牌位」等。這些做法有些是道聽塗說而來的，不過形似，有些倘被真太平軍聽見，怕是要斥為「妖言」，「斬首不留」的，但廣東「洪門」卻渾然不覺。他們固然不可能改掉山堂分立、互不相下的「光榮傳統」，但模仿一下太平軍的架構還是不妨的，於是某些「紅軍」也按照太平天國的體制，把首領的頭銜改為「師帥」之類。

當天地會以「灰色」面目出現時，廣東清吏的態度是曖昧的，既警惕「會黨」擴張勢力，又希望借助這些人的力量，去做一些官府不方便做的事——最重要的就是給洋人搗亂，阻止他們入城，而官方又可推卸責任。但如今天地會公開造反，那就沒有別的選擇餘地了。

當時天地會使用紅旗，廣州附近村鎮圩寨，只要回應「洪門」就都會豎起紅旗，廣東清吏就規定戰區內清方一律使用白旗，只要掛起白旗就意味著支援官府，和「會黨」勢不兩立。這種「紅白之戰」，正如一位當時當地的文人所言，是非此即彼、不可調和的。

對近在香港、一心想入城甚至直接向北京派遣公使的英國而言，他們固然對與葉名琛等清方官吏打交道、捉迷藏極不耐煩，但更不願廣州陷入所謂「無政府狀態」。在他們看來，「紅軍」控制廣州城，很可能對他們極其重要的廣州商務構成致命打擊，而幫助廣東當局打擊「會黨」，則或許有助於日後提出更多要求。

在這種背景下，原本互相羈絆的廣東清吏和香港英人聯起手來，對包圍著廣州城的「紅軍」發動圍剿。到一八五五年初，「紅軍」大本營佛山陷落。由於英軍控制了水面，各路「紅軍」中除一部分在李文茂、陳開等的率領下沿西江進入廣西外，相當多的堂口沿陸路進入山區，並北上轉入湖南郴州、桂陽、茶陵、興寧、安仁等地，試圖匯合當地天地會會眾。但此時湖南湘軍業已興起，故「紅軍」立足不住，就在一八五五年秋先後從茶陵取道永新、安福、分宜、萬載進入江西，比石達開早了一步。

一山二虎

這些進入江西的天地會會眾，是廣東「紅軍」的精華，主要首領有周春、葛耀明、陳榮、鄧象、盧緯、翟火姑、譚星、譚富、李鴻藻、陳顯良等，其中周春諢名豆皮春，早在鴉片戰爭時期，就是天地會成員，「紅軍」起兵時的「大都督」；陳榮是「紅軍」起兵後最早攻破清方城市（連州和肇慶）的天地會首領；陳顯良是「紅軍三魁首」（李文茂、陳開、何六）中何六的左膀右臂，何六在湖南戰死後，餘部都歸他節制。這批人馬不但人多勢眾，而且大多數為精壯戰兵，他們久經戰事，戎馬千里，而他們的首領更有豐富的反清資歷，如周春等人開始聚義時，洪秀全還在孜孜不倦地考清朝秀才呢！

太平天國乙榮五年九月十七日（西元一八五五年十月二十三日，清咸豐五年九月十三日），這支「紅軍」占領永新，這是「紅軍」在江西占領的第一個城鎮。此後他們先後占領過安福、分宜、萬載、永寧，並多次擊敗江西省防軍，但所占地盤旋得旋失，無法在江西站穩腳跟。

這些「紅軍」號稱十多萬，實際上恐怕只有兩三萬人，如果沒有鞏固的地盤和穩定的補給，是難以長期維持的，而恰在此時，石達開的人馬攻下了鄰近的上高。

此時的「紅軍」，大抵已經知道太平天國跟「洪門」、「天德」其實沒多少關係，且自立國號，自封天王，和向來「非朱姓不稱帝王」、堅持反清復明的天地會格格不入，否則早在湖南他們就可北上投奔太平軍，而無須再跑到江西來。[11]如今卻和太平軍無巧不巧撞在一路，一山不容二虎，「洪門」兄弟們該作何選擇？

此時太平軍打了幾個勝仗，兵力大為擴充，也號稱十多萬，按照「二千五作一萬」的傳統和實際情況，估計有兩三萬人，和「紅軍」兵力相當，而戰鬥力則各有千秋；太平軍組織性更強，且後勤保障更好些，「紅軍」則身經百戰，戰鬥經驗豐富。據《新昌縣誌》記載，「紅軍」原先並不情願「入夥」太平軍，甚至有火拼之意，但權衡利害，最終在上高縣土著嚴守和的撮合下，加入了太平天國。[12]

「紅軍」和江西太平軍人數差不多，組織、風格又格格不入，太平軍想效仿一八五一～一八五二年在廣西、湖南期間消化、吸收小股天地會堂口的做法，將他們澈底太平軍化，顯然是不現實的，一旦弄出問題，後果不堪設想。因此石達開在征得天京方面同意後，採取了靈活手段，將這些「紅軍」單獨編組，成為太平軍中獨樹一幟的一個分支。

這個獨樹的「幟」，是一種用多種顏色鑲拼起來的旗幟，被當時的人俗稱為「花旗」，這也成了加入太平軍後這支「洪門」人馬的專稱。後來曾有人批判「石達開機會主義」，指責他「擅自允許花旗保留自己原來的旗幟」，這缺乏考證，因為「紅軍」原來使用的是紅旗，偶爾用黃旗，和太平軍的習慣相似（太平軍主要用黃旗，偶爾用紅旗），「花旗」只能是收編時頒發的新軍旗，目的自然是和原本的太平軍有所區別。

從目前的資料看，花旗的編制和當時的太平軍不同。一八五五、一八五六年的太平軍以「軍」為最高單位，以下為師、旅、卒、兩、伍五級，雖然軍、

---

11 何六就是因為發現太平天國和「洪門」宗旨不一，才突然改變原定路線，結果戰死的，還有些天地會會眾則掉頭南下廣西。

12 這位土生土長的嚴守和，很可能也是「洪門兄弟」，否則很難想像其能在如此倉促的時間裡，完成如此棘手的一件大事。

師一級缺額很大，但基層單位兩（二十五人）通常編制很充實；而花旗的編制卻是隊、先鋒、旗三級，隊的長官稱「隊將」，先鋒的長官稱「先鋒」，如李鴻藻封殿左三中隊將，譚星封右隊後永忠先鋒，周春封中隊前精忠先鋒，葛耀明封中隊後永忠先鋒，林彩信封中隊中赤忠先鋒等。根據殘缺的資料可以判定，花旗係按殿左一、殿右二……的序列編制並分中、左、右隊（目前看到最高番號為「殿右四中隊」），每隊下設中赤忠、前精忠、後永忠、右耿忠、左×忠（資料殘缺）五先鋒，先鋒下設若干旗，每旗二十一人。這種編制既符合「紅軍」的舊習慣（在廣東起兵時他們就以二十一人為一旗），又不動聲色地壓低了各級「花旗」將領的職銜。

這種囫圇吞棗式的收編顯然存在許多問題，比如「花旗」自由度太大且自成體系，紀律不容易約束，更嚴重的是主要首領官職太低，如周春、陳榮都只封了指揮，這個職位在此時的太平天國實在算不得高官，不說其他地方，僅江西一地，太平軍中就有王一人（石達開），豫爵一人（胡以晄），侯爵兩人（參天侯黃玉琨，衛天侯曾錦謙），丞相兩人（春官正丞相張遂謀，本年提升為冬官副丞相的林啟容），檢點級別官員十多人（正職檢點賴裕新、胡其相等，和職同檢點的黃文金、胡鼎文等）。在太平天國「官大一級壓死人」的制度下，統率上萬「花旗」的「洪門老大」，很可能不得不向只率領千餘人偏師的太平天國三四流人物低頭。這還不算，太平天國和「洪門」一樣，官兵間都互稱兄弟，但誰是兄誰是弟，卻是由官爵高低而非歲數甚至輩分大小來決定的。當年石達開只有二十多歲，而年逾六十、此時已戰死的曾天養和同樣是老年人且是他岳父的黃玉琨，卻都要稱他為「兄」。「花旗」首腦中大多數歲數都不年輕了，而太平軍同級別或更高級別的將領，卻有許多是二十歲上下的毛頭小夥子，其中之尷尬不言而喻。

不過此時大敵當前，「黃旗」（太平軍）和「花旗」的根本利益是一致的，這就是打敗清軍，奪取江西更多的府縣，擴大自己的兵源、財源和生存空間。

正因如此，「黃旗」和「花旗」這兩個看似不太般配的小夥伴，在江西閃電般攜起手來，使得江西省境內的太平軍總數一下膨脹到號稱二十多萬，實數也恐在六萬以上。這不僅讓石達開敢於迅速調整戰略，改穩紮穩打為分兵出擊，也讓天京方面在為迫在眉睫的決戰調配兵力時，有了更充分的靈活性。

第五回　一招險棋

歷史的迷霧

如果說一八五四年（太平天國甲寅四年，清咸豐四年）是外國記載、報導中國的「大年」，那麼一八五六年就是不折不扣的「小年」，不但太平軍剛剛占領南京後兩年間層出不窮、充滿新鮮內容的「官方報導」，即來自各國使節及其隨員、軍人和官員的訪問記、印象記突然付之闕如，就連「非官方報導」，比如曾經充斥外國人在遠東所辦媒體書肆的那些有關太平天國、源自直接或間接與之接觸過的「洋兄弟」（傳教士、商人、逃兵等）之敘述和評論，如今都已鳳毛麟角。

一八五六年的世界，已經進入了資訊相對發達的時代，通往遠東和中國的航道、郵路已經打通，各種各樣專門辦給各色在華外國人以及通曉外語的中國人閱讀的報刊，也如雨後春筍般湧現。正是它們出於職業本能的探究、挖掘，今天的我們，才能多少閱讀到各種「不同的聲音」，才能更容易地撥開迷霧，探尋當時的真相。一八五六年是決定中國境內「兩個國家」命運的關鍵年分，此時此刻倘若這些「不同的聲音」更多些，對於這段歷史的研究者和愛好者而言，自然是最好不過的一件事。

可偏偏正在這最要緊的時候，「不同的聲音」忽然沉寂了：「官方報導」近乎絕跡，「非官方報導」或老生常談，或真偽莫辨——即便這樣的資訊，數量也大為減少。在華或在歐美的外國傳媒固然仍對「中國這一年發生的事」興趣盎然，但資訊來源的匱乏卻讓它們無米下炊，徒喚奈何。一八五六年九月二日（太平天國丙辰六年七月廿七日，清咸豐六年八月初四日），天京事變爆發，遠東西文傳媒高度重視，力圖加大報導力度，其中當時最有影響的兩家遠東西媒——《中國之友》[13]和《北華捷報》[14]，都不遺餘力挖掘「猛料」，

---

13 《中國之友》（*Friend of China*），一八四二年三月十七日由英國商人奧斯威爾德（Richard Oswald）創辦於澳門，一週後遷址香港。一八五〇年八月轉由英國人泰倫（William Tarrant）主持，是當時南中國最有影響的西媒之一。

14 《北華捷報》（*North China Herald*）一八五〇年八月三十日由英國僑民奚安門（Henry Shearman）在上海創刊，是中國內地最有影響、最權威的西媒。一八六四年其副刊《船務商業日報》（*Daily Shipping and Commercial News*）更名為《字林西報》（*North China Daily News*），而《北華捷報》改為週副刊，在此後近九十年歷史中都是中國最有影響的英文傳媒。

可效果卻令人失望《中國之友》花了近一年時間才由一位叫雷諾茲（E. Reynolds）的授權發表了一篇專題深度背景報導；《北華捷報》動作稍早，發表了一篇專題通訊[15]和一篇深度報導[16]。這三篇在當時堪稱最翔實、最「一手」的協力廠商報導，卻在對一些關鍵人物、事件、進程的記載上相互矛盾、雲山霧罩——更要命的是，這三篇「最權威報導」的來源居然是同一個人——因喜歡吹牛而被同伴稱為「大嘴巴」的愛爾蘭水手肯能（Canny）。這位元「目擊者」的資訊可靠度，甚至連上述三位撰稿人自己都覺得相當可疑。然而可疑也得用，因為資料雖可疑，總好過沒有資料。

更讓人遺憾的是，如果一八五六年以天京事變作為座標點分為前後兩期，那麼後期至少還有一些如「肯能系列」那樣雖未必靠譜但聊勝於無的協力廠商報導，前期卻連這樣的報導都幾乎找不到，這使得驚心動魄的一八五六年天京－鎮江戰役，這場近代中國歷史上最大規模的內戰決戰之一，仿佛突然發生並迅速結束了一般。

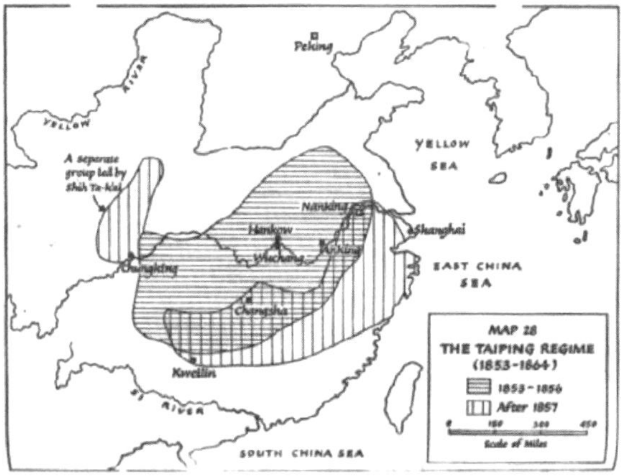

英國媒體當時刊登的「中國內戰圖」，虛線部分為太平軍占領區，陰影部分為拉鋸區。由於資訊的匱乏，這張圖實際上是很粗糙的。

天國的真相

「外國眼睛」在一八五六年的突然缺位，是和一八五四年英國麥華陀－小包令使團訪問天京敗興而歸息息相關的。

在這次訪問中，英國政府終於瞭解到自己最關心的太平天國真相和立場：他們是不是基督徒，究竟是否會同意英國擴大在華商業利益（包括鴉片銷售），他們將如何與外國人打交道。

對於第一點，使團在天京向太平天國提出了三十個包括宗教、政治、軍事戰略在內的問題，太平天國「閉戶三日」作答，並反問了五十個問題，許多都涉及宗教。在這則歷史性問答中，太平天國勾勒了一個有形的上帝——身材高大、長著紅鬍鬚、穿著黑龍袍，否定了三位一體，認為上帝是上帝，耶穌不是上帝的子格而是上帝的長子，上帝還有洪秀全等若干親生子，上帝和耶穌還有

15 〈太平天國東北兩王內訌紀實〉，作者為美國首位赴中國內地傳教的裨治文（Elijah Coleman Bridgman），內容較簡略。

16 〈太平天國東王北王內訌詳記〉，作者為美國人瑪高溫（J. Macgowan）內容較詳細。

各自的配偶「天媽天嫂」，「聖神風」（即聖靈）不是三位一體的一格，而是楊秀清，楊秀清和蕭朝貴享有天父、天兄附體傳言的特權，他們所說的那些「天父天兄聖旨」，在太平天國享有和《聖經》同等的神聖和權威……。

南京人李濱後來根據口碑記載，做這些「問答題」的太平天國官員是石達開、黃玉琨，而在「問答題」上署名的則是楊秀清本人。史學家王慶成先生根據「問答題」的文筆風格和所流露出的宗教思想，認為其真正代表的毋寧說是洪秀全本人的宗教觀，這些見解都頗有道理。無論如何，這是來自太平天國官方核心層的直接解讀，是最真實的太平天國宗教資訊。根據這些資訊，任何一位元稍有基督教常識的外國觀察家，不論此前對太平天國的拜上帝會持何等觀點、立場，都只能得出與美國駐華公使麥蓮（Robert M. Mclane）《訪問太平天國報告》中同樣的結論：「他們（太平天國君臣）既不信仰也不瞭解基督教。」

對於第二點，通過「官樣文章」和直接印象同樣不難得出結論，即太平天國也許會開放口岸，擴大對外貿易，但絕不是現在。因為他們要和清廷打仗，在他們看來，此時通商被奸細利用的危險，要遠大於「互通有無」的好處。至於鴉片，至少官方的立場是要嚴禁的。英國使團曾試探性地向太平天國借一小塊江邊地皮，以貯存輪船所需的煤炭，結果被對方疾言厲色地書面斥責了一番。

對於第三點，西方各國政府、使團可以說被震撼了——太平天國的天王洪秀全不僅被稱作上帝的親生子、耶穌的親弟弟，而且被明確為「萬國萬方」的君主，西方各國同樣也要服從這位天王的管制，各國使節要備辦貢品「朝見」。

其實這一套對於西方人（至少英國人）而言一點也不陌生，因為自一七九三年（清乾隆五十八年）馬戛爾尼（George Macartney, 1st Earl Macartney）使團訪華起，他們就早已領教或者說領教夠了清廷這套「天朝上國」、「萬邦來朝」的華夷理論。問題在於，他們本以為「信奉基督教」的太平天國，在這方面會和清廷有很大不同，正因如此他們才會在一八五三年太平天國定都天京後，在一年多時間裡不怕困難、不厭其煩地一再試探著敲打這個神祕「國家」的大門。

此後西方各國幾乎中止了一切針對太平天國的官方接觸，甚至開始約束各自的僑民，使之同樣遠離這個「危險的地方」。洪秀全的美國宗教老師羅孝全，就是因為本國駐華外交官援引「一八四八年中立法」阻撓他去天京，不得不一度回美國，直到一八五六年春才重返廣州的。[17]

這種態度其實也不難理解：西方列強想和太平天國打交道，是苦於和手下敗將清朝的外交扯皮曠日持久，始終不得要領，以為「換一家會容易點」。既然「兩

17　第三任美國駐華公使馬沙利（Humphrey Marshall）甚至以「敢去就槍斃」相威脅。

家都一樣」，那麼就不著急「二選一」——你們自己先打出個輸贏來再說吧。

太平軍新生代

第三方觀察和報導的缺失，給我們復盤一八五六年天京－鎮江戰役原貌、探究清太雙方（尤其太平天國一方）的戰役指導，製造了許多障礙。因為如許多人所知，戰場上你死我活的雙方，卻心照不宣地遵循著之前歷代中國官場和軍事史上一個歷史悠久的「光榮傳統」——誇勝諱敗、剪裁事實和虛報戰功，而由於後來的「亡國」，太平天國一方甚至連這樣「修剪」過的記錄都所剩無幾。

這就迫使我們從相對可靠的當時雙方軍隊調動情況、主官人選、戰場態勢變化等，探究這場戰役的勝利者、實際全權指揮整個戰局的太平軍軍政最高領導人——勸慰師聖神風禾乃師贖病主左輔正軍師東王楊秀清。

自一八五三年定都南京以來，楊秀清這個太平軍實際上的統帥，在軍事指導上既有許多連敵人也不得不承認的得意之筆，也犯過許多或難以避免或本可不犯的錯誤。其中最致命的錯誤，是貿然派出太平天國最精銳的二萬人馬「掃北」，結果導致這支勁旅幾乎全軍覆沒；其次則是在西征方向「添油」式逐次增兵，戰線拉得過長，戰略目的混亂不清晰且不斷變更，導致了一八五三～一八五六年年初內戰各戰場的大起大落，大喜大悲。

到了一八五六年初，雙方的戰線已趨於穩定和膠著，而這種穩定、膠著局面的出現，關鍵在於清朝和太平天國雙方都難以在任何一個戰場集中足以澈底壓倒對方的絕對優勢兵力，從而不得不在每個戰場不死不活地對耗。

相對於清方，基本處於內線作戰狀態的太平軍顯然更被動，因為後者顯然更難聚攏一支有相當戰鬥力的機動部隊，投入到最關鍵的戰場，從而打破力量平衡。

太平天國甲寅四年（西元一八五四年，清咸豐四年），太平天國眾侯相[18]主持編纂了一本官方印書《天情道理書》。這本書的主要意圖，是假楊秀清之口闡述「天情道理」，也就是太平天國政治、經濟、行政等方面的政策依據和

18　指侯爵和丞相。至一八五六年天京事變前，這些都是太平天國僅次於王級的高級官爵。太平天國中樞各部門和各王辦事機構主官及被稱為「佐將」的駐外各路大軍主要將領，大多數都屬於這兩個級別。

行軍打仗中的一些必備知識，是一本用於「軍事教學」的「軍政教科書」。這本書中充滿了對楊秀清的個人崇拜性描寫，將這位能「傳天父上帝真神真聖旨」的統帥描述為「無所不知、無所不能、無所不在」，這顯然並不太符合事實，否則便無以解釋「掃北」何以全軍覆滅，「殘妖」（太平天國對清軍的蔑稱）何以非但未曾覆滅，反倒圍困著天京。

不過在一八五六年，楊秀清似乎遠比他的對手們擁有更敏銳的戰略眼光和更清晰的戰略頭腦，至少，他似乎找到了足以改變戰略平衡的那支機動部隊——或許，這個目不識丁的文盲、孤兒，比清廷決策者們更早更快地從戰爭中學會了戰爭。這支部隊便是在皖北地區活動的陳玉成、李秀成、涂振興、陳仕章、周勝坤部。此五人都是自一八五三年定都後經歷多次戰役成長起來的新生代戰將，此時都已升至太平軍「佐將」中較高的級別：六官丞相。

在他們之中，陳玉成為冬官又正丞相，已在第二次攻破武昌城之戰中嶄露頭角。他雖然是最年輕的一位，卻因勇猛善戰受到清、太雙方最多的重視。李秀成是地官副丞相，這位太平天國後期最著名的統帥靠勤勉好學從基層逐級升遷到這一級別並不容易，當時他的名字還叫「李壽成」，並不為很多人所熟知。周勝坤是夏官又正丞相，因為早在金田團營時就從軍並任較高職位（左一軍副典聖庫，是職同監軍的軍中後勤倉庫主管），因此被湘軍情報部門編纂的《賊情匯纂》列入所謂的「劇賊傳」名單，其知名度在一八五六年遠高於李秀成。涂振興原本是東殿左七承宣，本年剛升任春官正丞相，同樣在「劇賊傳」榜上有名，知名度此時也高於李秀成。他本是西王蕭朝貴部下，後來被楊秀清提拔任用，是五人中唯一的楊秀清嫡系。陳仕章是其中知名度最低的《賊情匯纂》在他還是殿左廿九指揮時為他立了一個「詞條」，除去姓名、職位，「事蹟」只有「踞巢縣」寥寥三個字，他也是一八五六年初剛剛被提升為夏官副丞相的。

這支部隊所面對的皖北戰場壓力不大，清軍受到兵力、戰鬥力限制和捻軍的干擾，無力向安慶等太平軍核心占領區發動大規模進攻，從而令太平軍可抽調相當一部分兵力跨區作戰。五人所率領的部隊中，有戰鬥經驗的老兵和基層軍官較多，在太平軍中屬於精銳，且剛剛收編了從清方嘩變過來的原捻軍李昭壽部。李昭壽是安徽固始人，扒竊出身，先起兵為捻，後投降駐紮安徽英山縣的清寧池太廣兵備道何桂珍，一八五五年因缺餉和風聞何桂珍要暗算自己，發動兵變投奔了李秀成。他的人馬素以軍紀廢弛而著稱，但戰鬥力卻相當強悍。

那麼，他要將這樣一只決定性的砝碼投向哪裡呢？

其實清軍早已注意到這支人數超過二萬、集中了眾多太平天國新生代重量級人物的大軍，並猜測這支大軍可能的去向。他們覺得其最大可能是被用於收復不久前被已攻下的皖北重鎮廬州（今合肥）；其次，則可能被抽調去增援被湘軍胡林翼部圍困的武昌，因為此前太平軍多次上援武昌，都是首先從皖北派兵。

清方的推測其實是很有道理的，至少很符合常規用兵的套路及楊秀清以往的思路。然而一八五六年的楊秀清正如李秀成後來所讚歎的，「不知天意如何化作此人」，走出了異乎尋常的一步棋——讓這支機動部隊向東，去解救被吉爾杭阿、托明阿等部所圍困的鎮江和瓜洲。

用兵棋推演一下不難算出，倘這支生力軍就近去攻打廬州，只能調動清方安徽、河南地方軍和一部分江北大營的人馬；與之相比，鎮江和江北的瓜洲是運河與長江的交匯處，也是天京的東大門，對雙方都關係重大。這座城原本由羅大綱駐守，但主力已被抽調反攻蕪湖，他本人也受傷不治而亡，只剩下吳如孝所率領的少量人馬死守，被從上海凱旋的江蘇巡撫吉爾杭阿會同江南大營援兵圍得水泄不通，如果不增援，陷落只是時間問題。但正因此地至關重要，一旦太平軍有大動作，江南、江北大營勢必連動，屆時就極可能出現有利於太平軍的戰機。

就在楊秀清動用皖北這枚關鍵棋子並緩緩啟動天京－鎮江戰役車輪之際，石達開部在江西又獲得意外的大發展，擁有了太平天國此前從未有過、大片連成一體的疆土和驟然膨脹數倍的大軍。這樣一來，清方的注意力更多被焦頭爛額的江西和勢如破竹的石達開部所吸引，以至於天京－鎮江戰役實際上已經開打，來自皖北的那支太平軍精銳也已投入戰場，清方的反應仍侷限於「推擋式」，並未引起應有的、更高的關注和警惕。

不僅如此，後來的事實證明，石達開在江西的輝煌勝利，讓楊秀清在天京－鎮江戰役中的調兵遣將擁有了更多餘裕，也讓他在此後的戰役發展中，敢於使出更大的手筆，敢於走出更加大膽、更加有魄力的險棋。

第六回　天京 - 鎮江戰役

頂天燕

陳玉成、李秀成、陳仕章、涂振興、周勝坤所率領的逾二萬皖北太平軍精銳大約在一八五六年一月下旬渡過長江，渡江點應該在蕪湖以東、天京以西，因為這一帶許多江岸由太平軍所控制，容易隱蔽太平軍的戰略意圖。此時楊秀清為這支擁有五位平級將領的大軍，派出了一位地位更高的統帥：頂天燕秦日綱。

秦日綱是太平天國前期的重要人物，金田起義時的地位僅次於楊秀清、蕭朝貴、馮雲山、韋昌輝、石達開五王。永安建制時，洪秀全封立東、西、南、北、翼五王，五王之下官階最高的就是天官正丞相秦日綱、春官正丞相胡以晄兩人，而秦日綱的地位又高過胡以晄一籌。也就是說，除去洪秀全，秦日綱在太平天國政治人物中排名第六。而且與胡以晄排名不時「上下浮動」[19]不同，秦日綱這個「第六」的地位十分穩固，定都天京後，他先後獲得頂天侯、燕王爵位，是太平天國的第一位侯爵和五王之外的第一個封王者。

因為在天京、湖北幾次水陸作戰中屢屢失利，他一度被召回天京，「鎖押在牢」，並於太平天國乙榮五年二月十三日（一八五五年三月二十日，清咸豐五年二月初三日）被楊秀清假借「天父下凡」，下令「為奴三載」。但他實際上似乎並未喪失其地位甚至權力，而是以「奴」的頭銜繼續在朝中理事。在乙榮五年八月十七日（西元一八五五年九月二十三日，清咸豐五年八月十二日）的《天父聖旨》上，他已被冠以「頂天燕」的新爵位。

此前太平天國被清廷認為「姑從人間歪例」，先是於辛開元年十月廿五日（西元一八五一年十二月十七日，清咸豐元年十月廿五日。這一年太平天國雖改年號但並未改變曆法）在永安建制，設立了王爵，定都天京後又在王爵之下設立侯爵。這兩級爵位都是中國古已有之的，而「燕」這個空前絕後、前所未聞的爵位，是從「頂天侯」、「燕王」這兩個秦日綱的舊「職稱」演化而來，表明秦日綱複職後地位低於五王，但高於侯爵。由於沒有先例，清朝將帥一度

19 胡以晄任丞相時李開芳曾排名靠前，後林鳳祥、李開芳、吉文元又先於他封侯爵，直到他獲封豫王才從此鞏固了自己「第七」的排名。

對這個「新生事物」瞠目結舌，許多人在敘述時都將這個爵位寫錯了。天京事變尤其石達開遠征出走後，洪秀全為滿足部下的官癮，一口氣在王爵和侯爵之間設立了五個爵位，連同侯爵稱作「六等爵」，燕爵成為六等爵中的第四等。此後直到太平軍被消滅，這六等爵封授了不計其數，這當然是後話了，然而在整個一八五六年裡，享有燕爵的僅有秦日綱一人。

李秀成向來看不起秦日綱，說他「並無什麼才情」，認為他只是靠「忠勇信義」，也就是服從命令聽指揮，才爬上如此高位的，因此對於這位新派來的主帥不以為然，甚至在被俘後的供詞裡亦隻字不提，其用意顯然是認為這位主帥不過是名義上的領導人，實則並沒有發揮什麼作用。

楊秀清臨陣派帥，顯然有自己的用意：五丞相地位相當，如不在他們之上委派一名地位更高的統帥，一旦大戰之際將領間互不服氣，就很可能影響戰鬥力。事實證明，秦日綱還是發揮了「總協調人」的作用，這支大軍在此後長達半年的艱苦轉戰中始終和衷共濟，沒有出現太平軍歷次戰役中常犯的各主將間互相掣肘的現象。

以快打慢

太平天國乙榮五年十二月廿三日（西元一八五六年一月二十九日，清咸豐五年十二月廿二日），秦日綱部派出兩路人馬，自下關沿江東進，在棲霞山、石埠橋等地構築工事，表面上是加強東路沿江防禦，實則為進軍鎮江做準備。這個方向是清朝圍城大軍的「死角」，可以避開江南、江北兩大營的耳目。為隱蔽戰略意圖，楊秀清又另外派出幾路人馬，分別向天京城南郊仙鶴門、殷巷等地江南大營清軍佯攻。

向榮被這些「假動作」所迷惑，誤以為太平軍正部署直接攻擊江南大營，或試圖打通天京－鎮江間的水上交通線，遂下令福建提督鄧紹良部二千六百人自蕪湖東援大營，又讓蕪湖紅單船水師戰船東駛大勝關江面，擺出一副於天京城外決戰的架勢。

此時清軍在天京－鎮江間布置了龍潭東陽鎮、高資鎮兩道防線，其中東陽原由泰寧鎮總兵德安部二千人，高資鎮則由宜昌鎮總兵虎嵩林、副將慶文等率兵二千一百人防堵。此刻由於奕訢連連催促，吉爾杭阿加強了對鎮江的攻勢，高資鎮守軍部分被抽調參與進攻，僅剩下一千二百人，由游擊李若珠、張汝琳指揮。也就是說，當楊秀清悄悄增兵準備突擊時，對面的清軍反倒在減少布防兵力。

太平天國乙榮五年十二月廿六日（西元一八五六年二月一日，清咸豐五年十二月廿五日），秦日綱部大舉進攻東陽、高資、龍潭等地。吉爾杭阿急令余萬清部一千二百人增援東陽，虎嵩林七百人增援高資。向榮聞警，也派副將秦如虎率兵前往東陽赴援。太平天國乙榮五年十二月卅日（西元一八五六年二月五日，清咸豐五年十二月廿九日），清軍在東陽潰敗，退到下蜀街，會同江南大營所派第二路援軍（二千三百人，由游擊楊瑞乾指揮）死守。此後一個多月，兩軍在下蜀街、龍潭、高資一帶拉鋸，向榮、吉爾杭阿先後調集援兵三千七百人增援，並派陝西提督鄧紹良節制鎮江諸軍。

與此同時，清軍加緊圍攻鎮江、瓜洲。吳如孝為集中兵力，抽調瓜洲守將、指揮謝錦章南下，試圖西出高資、黃泥洲，接應秦日綱部援軍，但終因兵力過於單薄，始終無法在城外立足。

此時秦日綱部正在鎮江以西的湯頭、湯腳等處與清軍相持，由於水陸兩路都有清軍封鎖，無法與吳如孝部取得聯繫。太平天國丙辰六年二月，陳玉成單舟突破清軍水上防線進入鎮江，和吳如孝順利取得聯繫。二月十一日（西元一八五六年三月十八日，清咸豐五年二月十二日），李秀成率先鋒三千人偷襲奪取湯頭清軍舊營壘，涂振興、陳仕章、周勝坤直逼湯水山邊清軍新營，陳玉成、吳如孝也率鎮江守軍夾擊。鏖戰一日，清軍全線潰敗，丟失營壘十六座。鎮江順利解圍。

無論向榮、吉爾杭阿、托明阿，還是遠在北京的奕詝，對鎮江的解圍都感到極為震驚和恐慌，並手忙腳亂地做了一系列部署，以圖亡羊補牢：向榮用頭號悍將江南提督張國梁替換鄧紹良主持鎮江軍務；吉爾杭阿則緊急派人遠赴蕪湖等地招募兵勇；而奕詝則發布上諭，稱將在內蒙古各盟旗挑選精銳騎兵，「一俟秋高氣爽即當簡派重臣統率南下」，幾天後又令浙江巡撫何桂清、兩江總督怡良調集援兵數千人分赴向榮、吉爾杭阿兩處軍營。

很顯然，清朝君臣將帥對太平軍下一步戰略意圖的判斷是，要麼擴大戰果，繼續掃蕩鎮江周邊；要麼凱旋天京，然後對江南大營發起攻勢。故其部署都圍繞這兩處預定戰場「修修補補」，且在他們看來，敗仗固然令人惱火，但軍情尚不算緊急，故奕詝帶有明顯鼓舞士氣意圖的明發上諭，也不會將「蒙古勁旅」赴援的時間定在差不多半年後的秋天。

然而太平軍接下來又走出了一步出乎所有對手意料的棋：渡江北上。

太平天國丙辰六年二月廿六日（西元一八五六年四月二日，清咸豐六年二月廿七日），秦日綱、吳如孝兩部主力和原守瓜洲的謝錦章部趁夜自金山北渡，在鎮江城外只留下周勝坤率少數人馬駐守倉頭清軍舊營。

傳統論述多認為，秦日綱部北上瓜洲的主要目的是取糧，其次是為瓜洲解圍，這恐怕未必準確：幾萬人敵前渡江絕非易事，但太平軍卻在一夜間完成，兵力調度、船隻準備，顯然事先經過周密安排；如果只為解圍、取糧，太平軍理應在達到目的後迅速南返，以免被清軍從水路隔斷退路，但戰局的發展遠非如此。

太平軍渡江這天，恰逢江北大營副帥雷以諴生日，托明阿以下皆在雷以諴營中賀壽，吉爾杭阿雖緊急遣人告急，卻並未引起應有重視。二月廿七日，站穩腳跟的太平軍先破土橋清營，江北大營各部匆忙收縮至三汊河，瓜洲解圍。廿八日，三汊河大營失守，托明阿、德興阿分別潰退秦家橋、蔣王廟，雷以諴、陳金綬逃往仙女廟、沙頭，瓜洲長圍全潰一百二十多座清營被太平軍一鼓掃平，江北大營土崩瓦解。廿九日，太平軍乘勝第二次攻克揚州府，生擒清揚州知府世焜。

以慢打快

接下來的計畫，楊秀清似乎並沒有想好。他派出一支人馬渡江占領江浦，而與此同時，秦日綱部太平軍分出周勝坤守江南的倉頭清軍舊營，讓吳如孝回鎮江，主力則沿江東進，於太平天國丙辰六年三月初八日（西元一八五六年四月十六日，清咸豐六年三月十二日）占領浦口。

許多軍事史著作都認為，楊秀清是鑒於清朝水師封鎖鎮江－瓜洲間江面，原路回師過於危險，打算讓秦日綱部從江浦、浦口渡江凱旋，但仔細推敲就可以發現並非如此。

占領江浦、浦口後，秦日綱部和天京援軍已經會合。從三月初八日占浦口，到三月十四日日失守，中間長達六天時間，足夠全軍渡江至下關回京，但秦日綱部卻安安穩穩地待在原地不動。說他們想從浦口回天京於理不合，說他們後來因渡江路線被切斷而被迫東返，則更說不通。

太平軍與清軍在浦口交戰圖。

讓我們看看此時清方做了些什麼。

奕訢此刻著急上火般連下上諭，首先是人事處分，托明阿、雷以誠、陳金綬等均被革職，江北大營殘部轉由德興阿統領；其次，他從山東、河南、陝西、直隸等地調集八旗、綠營官兵數千人集結於江蘇清江浦（今江蘇省淮安市淮陰區，當時為漕運總督衙門所在地），由漕運總督邵燦統一指揮；又令安徽巡撫福濟、徐州鎮總兵和春在臨淮關布防；更飭令吉爾杭阿、向榮急速派兵過江助戰[20]。

而向榮、吉爾杭阿的主力，則由張國梁、劉存厚等率領，忙於攻打鎮江周邊倉頭等地的太平軍周勝坤部。此戰中，周勝坤因寡不敵眾戰死，餘部由其哥哥周勝富率領退往鎮江。吉爾杭阿下達命令，鼓勵部下猛攻鎮江。

很顯然，北京城裡的奕訢最擔心揚州一帶的太平軍再來「掃北」，因為林鳳祥、李開芳部，以及後來馳援林鳳祥、李開芳部的曾立昌等部，當初都是從揚州出發，進逼北京的。於是不但催令北方各省層層防堵，更接連催促戰鬥力尚完整的向榮、吉爾杭阿部北上。而向榮、吉爾杭阿對北上並無太大興趣，他們的計畫是利用水師和江北友軍將太平軍主力牽制在江北，自己則集中優勢兵力乘虛攻破鎮江城。

清方的兩個戰略相比較，前線向榮、吉爾杭阿的方案顯然更高明、更符合實際，但最終占上風的卻是皇帝的主張。由於皇帝的一再催促，三月初八日，即太平軍占領浦口當天，清方最善戰的張國梁被從鎮江前線緊急調往江北增援。而此時太平軍石達開部在江西的處處得手，也迫使浙江等鄰近省分督撫告急，從江南大營和鎮江前線收回此前派出的兵力，致使清軍在太平軍主力留駐江北期間，竟始終未能合圍鎮江。

一開始，清軍的勢頭似乎不錯。

在江北，張國梁部先後收復了浦口、江浦；在江南，清軍擊敗了太平軍周勝坤部，再度進逼到鎮江城下。

然而他們恐怕正中了楊秀清的圈套。

楊秀清此前一系列看似反常的舉措，把鎮江解圍後原本兵合一處、戰鬥力不弱的張國梁、吉爾杭阿兩部拆散。吉爾杭阿部到處赴援，主力七零八落；張國梁則師老兵疲，銳氣消磨殆盡。相反，原本奔波勞頓、疲勞不堪的秦日綱部，

20 吉爾杭阿在揚州失守當天已派遊擊黃朝恩等兵勇一千一百人過江，向榮則讓鄧紹良帶一千二百五十人從龍潭渡江增援。

卻贏得了寶貴的十天休整，成為以逸待勞、反客為主的優勢一方。

不僅如此，太平天國丙辰六年三月初二日（西元一八五六年四月八日，清咸豐六年三月初四日），石達開部太平軍三萬人自江西兵分三路取道皖南，進逼天京周邊，江南大營總糧台所在地寧國府岌岌可危。這迫使向榮匆匆從江浦召回張國梁（西曆四月二十七日，同日張國梁剛剛收復了江浦縣城）。原本的悍將精兵，此刻早已疲憊不堪，且江南清兵的形勢更加分散。

太平天國丙辰六年三月中旬，秦日綱部開始向東進軍，在沒有太多阻力的情況下卻兜兜轉轉，直到丙辰六年四月廿日（西元一八五六年五月二十七日，清咸豐六年四月廿四日）才從瓜洲渡江，返回鎮江城外的金山。而在此期間，石達開部連克太平府、寧國府，進軍天京城南的重要據點秣陵關，迫使向榮不得不讓張國梁帶重兵抵禦，疲於奔命，而鎮江周邊的吉爾杭阿部成了一支孤軍。

四月廿四日（西元一八五六年五月三十一日，清咸豐六年四月廿八日），得知劉存厚部在鎮江城外黃泥洲被圍，吉爾杭阿自九華山大營親領精兵赴援，被太平軍伏兵半路包圍在煙墩山。激戰一晝夜之後，煙墩山、黃泥洲兩路清軍均潰敗，吉爾杭阿自殺，劉存厚戰死，殘部由虎嵩林、余萬清率領死守九華山，軍心渙散，幾乎不能立足。

儘管向榮、德興阿等急派福興、張國梁、秦如虎、陳升等統領人馬來援，但已經晚了一步。宛如驚弓之鳥的九華山清軍和疲憊不堪的援軍於太平天國丙辰六年四月廿七日（西元一八五六年六月三日，清咸豐六年五月初一日）全軍潰散，九華山、破崗子一帶清軍營壘三十多座被太平軍踏平，清京口副都統綳闊、副將周兆熊自殺，殘部分頭退往孝陵衛、句容、丹陽等地。五月初七日（西元一八五六年六月十三日，清咸豐六年五月十一日），太平軍秦日綱部經高資、下蜀街、東陽鎮、石埠橋凱旋至天京城外觀音門。

秦日綱等人或許並不知道楊秀清全盤計畫，他們認為救援鎮江的任務已超額完成，轉戰四個多月的人馬也早已疲憊不堪，理應回天京休整。沒想到他們接到的卻是楊秀清劈頭蓋臉的一道嚴令：攻破江南大營，否則不許回城。

清軍與太平軍在江浦作戰圖。

一戰乾坤

此時天京城外的重鎮溧水已被石達開攻克，天京城裡的太平軍也已經出城紮營。原本包圍天京的江南大營，此刻反成為太平軍反包圍中的一步死棋，周邊友軍都已戰敗，據點也大部分丟失，主力張國梁部早已是強弩之末。在秦日綱等人看來，不許回城也許是不近情理，但對於楊秀清來說，恐怕早已是成竹在胸了。

此時太平軍石達開部三路大軍已分別進至大勝關內、秣陵關前和溧水城下，向榮不得不派頭號大將張國梁率一千六百人增援溧水，另派記名總兵江長貴部千餘人馳援溧陽。最後孝陵衛向榮大營只剩下「不滿五千」的清軍，除去疾病、守營者，能派遣出戰的只有一千多人。

太平天國丙辰六年五月十一日（西元一八五六年六月十七日，清咸豐六年五月十五日）夜，秦日綱部進逼仙鶴門，開始與江南大營王浚等部接戰。次日，石達開部自天京城西南繞至堯化門、仙鶴觀一帶，並布防黃馬群路口，將仙鶴門的王浚等部清軍和孝陵衛向榮大營分割為兩處。向榮急忙從溧水、丹陽等地調張國梁、虎坤元、張玉良等部回援，張國梁回到孝陵衛後和福興連夜布防青馬群。五月十四日，秦日綱、石達開和天京太平軍分四路猛攻江南大營，僅一晝夜就將向榮全軍擊潰，殺死副將巴圖、參將陳明志等，擊傷張國梁。向榮、張國梁等先退淳化鎮，繼而退入丹陽縣城堅守。就這樣，從太平天國定都後不久就一直威脅天京安全的江南、江北兩大營，都被太平天國擊破了。

這是一次震驚中外的大會戰，太平軍獲得了決定性的勝利，清廷賴以消滅太平天國的三路大軍在旬日間土崩瓦解，對國家財政、軍需後勤至關重要的江浙財賦區暴露在太平軍面前。皇帝奕詝除了匆忙對戰敗將帥進行人事處分外，一時也想不出多少行之有效的應對之策，只能一面竭力在江北層層布防，防止太平軍再度進窺京師，一面放手讓張國梁等一線將領各自為戰。

天京－鎮江戰役就這樣結束了。這次戰役，太平軍在楊秀清的高瞻遠矚下，打了一場令人眼花繚亂的大勝仗，而且這場勝仗，是在太平軍兵力並不占優勢，至少不占明顯優勢的情況下取得的。

當時上海坊間刊刻流傳的、描寫一八五六年清軍江南大營向榮部「大破」太平軍戰功的繪畫作品，實際上這場戰爭的勝利者是太平軍，向榮因戰敗氣憤而死。

楊秀清先是以快打慢，抓住清軍判斷失誤形成的時間差，先後在鎮江、瓜洲兩地得手；繼而再以慢打快，利用清軍急於搬回戰場形勢的心態，故意放慢回兵節奏，分散清方兵力，變「以勞打逸」為以逸戰勞。於是，在後期的幾次戰鬥中，兵力集中的太平軍總是能形成戰場上兵力的局部絕對優勢，最終將清軍各個擊破。

史學家公認，這場戰役的勝利，是太平天國軍事成就的頂峰，當時一些性急的人更是預言，通過這一戰，中國內戰勝負已定，決定命運的時刻業已過去了。

但他們萬沒想到，決定此次中國內戰命運的時刻並沒有過去，而是即將到來。

第貳部

第七回　奇怪的戰爭

向大人

確切地說，江南大營統帥、欽差大臣、湖北提督向榮，是咸豐六年五月十八日（西元一八五六年六月二十日，太平天國丙辰六年五月十四日）放棄駐紮三年多的孝陵衛大本營的。此後他的生命只維持了五十天。

今天除非對太平天國史感興趣，一般人已很少知道「向榮」這個名字了，但在一八五六年前後，「向大人」、「向軍門」可是中國俗文化圈裡響噹噹的人物。這倒也不奇怪，一代有一代的「大事件」，如今鮮為人知的一些故事，像滑縣李四木匠（李文成）造反[21]、張格爾叛亂（新疆大小和卓事件的餘緒，張格爾之死讓南疆安定了半個多世紀）等令當年中國官方、民間社會印象深刻的大事，向榮都曾參與其中，並立下許多功勞。太平天國起事後不久，他就率領當時綠營中最精銳的湖南鎮筸鎮（今鳳凰）營兵投入廣西清剿，並且從廣西一路追到南京。可以說，「向大人」的名字在從辛亥（西元一八五一年）至丙辰（西元一八五六年）的六年裡，幾乎是「追攻太平軍」的代名詞。魯迅曾經回憶起自己少年時，紹興民間的紹劇舞臺上經常上演清軍激戰太平軍的大戲，而「向大人」是戲中不可或缺的人物（儘管主角總是那個能翻跟頭能開打的張國梁）。

雖然如此出名，但他的「檔案資料」並不完整，即便在晚清，許多津津樂道於「向軍門」故事者，也因為名字容易誤會，會誤以為他是個旗人，實則他是一個地道的漢人，原籍四川大寧，寄籍甘肅固原。他到底活了多少歲，就連《清史稿》裡也查不出個究竟。一八一三年時他已「積功隸提標」，不會太年輕，就算他當時是個年僅二十的「白袍小將」，到一八五六年時也有六十三四歲，雖比不得他的「老戰友」、同樣出自楊遇春門下的楊芳（鴉片戰爭時領兵和英

21 李文成屬白蓮教分支天理教，他們本計劃分別在滑縣、北京兩地起事，嘉慶十八年（西元一八一三年），北京一股在教首林清指使下竟攻入紫禁城，在皇宮隆宗門下和清朝侍衛激戰，皇子綿寧親自持槍上陣並擊斃兩人，總算化險為夷。這是清代民變唯一攻入皇宮的一次，即便洪秀全甚至辛亥革命都未能做到，在皇族、朝廷和民間引起強烈震撼，嘉慶皇帝寫下《有感五首用唐杜甫韻》的詩，劈頭第一首就是：「玩愒政無紀，疲庸俗敝凋。從來未有事，竟出大清朝。肆逆宮牆近，豈同邊徼遙？感祈昊慈溥，乞亂及春韶」。可見其打擊之巨。這件事引發了一系列重大政治後果，包括使綿寧成了日後的道光皇帝。隆宗門牌匾上，至今留有當年射出的箭頭。

軍對抗，時年七十），但也算得「老將」。在追擊太平軍的六年戎馬生涯之中，他被性情急躁的咸豐皇帝時而封賞升遷，時而訓斥撤職，次數數都數不清，有時他剛因打了個勝仗被升遷，嘉勉詔書剛接到手，撤職查辦的下一道詔書，已經在驛路上傳遞著了。當然，更多的時候他是處於「革職留任」狀態，正如《清史稿》裡所說，這些年來頂著欽差大臣頭銜參與攻滅太平天國事宜的文武重臣「無一能軍」，向榮雖沒打過什麼了不起的勝仗，但畢竟「屢保危城」，救過桂林、長沙的急，「緩急尚欲待之」，也就只好受一下背著處分打仗的委屈了。

言歸正傳，向榮是五月十八日逃到淳化鎮，次日取道句容，退守丹陽。在撤退過程中他仍作出了一系列部署：由黃岩鎮總兵明安泰節制原江南大營西路秣陵關一帶各部，退至溧陽防守；由德安節制原大營中、東各路，即從石埠橋、棲霞、仙鶴門等處突圍潰敗而出的餘部，退守句容白兔鎮；以鎮江附近來援的已革總兵李志和、副將西林部數百人防守句容；奏調廣東兵四千人來援。

向榮雖然新敗且年老，但思路還是比較清晰的，上述部署的意圖，首先是穩住陣腳，避免一潰而不可收拾；其次則是儘量阻擊遲滯太平軍可能發起的江南攻勢，為江浙財賦區各府州縣爭取到從容布防的時間。

在得知孝陵衛兵敗後，咸豐皇帝下令原本由河南增援江南大營的陝西兵一千人改往江北揚州，同時允諾了向榮從廣東增調援兵的要求。很顯然，咸豐此刻擔心的是太平軍渡江再次「掃北」，或乘勝掃蕩蘇南、浙北。因為前者會要他的命，後者則會要他的錢糧。他當然不會想到，自己不久後就將為從廣州抽走這四千人馬而懊悔不迭。

太平軍發動追擊的時間，是太平天國丙辰六年五月十六日（西元一八五六年六月二十二日，清咸豐六年五月廿日），比向榮退兵晚了兩天左右，而出動的追兵，只有頂天燕秦日綱部。五月廿一日，秦日綱部攻破句容，李志和退白兔鎮。廿六日，太平軍在白兔鎮擊敗德安、李志和、虎嵩林等部，各路清軍均潰往丹陽。就在這一天（西元一八五六年七月二日，清咸豐六年六月初一日），咸豐皇帝頒發了一份上諭，對向榮作出革職留任的處分——這也是向榮生前所受到的最後一個人事處分。

五月廿七日，秦日綱部進兵丹陽城外五里鋪，此時向榮老病交加，臥床不起，張國梁憤而率副將王浚，參將張騰蛟，游擊虎坤元及李鴻勛、都司馮子材、劉季三等三路（一說五路）出擊，將太平軍擊退至全州鋪。這場大戰清軍也損失不小，以至於向榮抱病再向北京求援。咸豐皇帝不得不改變自己半個月前的部署，將已發往揚州的一千陝西兵重新改發江南，並令臨淮關徐州、福濟等派二千騎兵、福建發三千四百步兵「速赴」丹陽等地增援。

在接下來的不到一個月時間裡，兩軍在丹陽城外頻繁接戰，互有勝負，由於幫辦江南大營軍務、已革西安將軍福興與向榮、張國梁不合，向榮以「年老有病、兵單將寡」為由要求朝廷換將，於是，咸豐皇帝調走福興，改以張國梁為幫辦。

對前敵軍事和個人前途，向榮顯然已十分悲觀。咸豐六年七月初九日（西元一八五六年八月九日，太平天國丙辰六年七月初三日），向榮在丹陽去世，死因一說傷病復發，一說自縊，真相如何，只能存疑待考了。

人死一了百了，遠在北京的皇帝不僅撤銷生前一切處分，還以「忠勤」、「雖未恢復堅城，數年保障蘇常盡心竭力」為由追諡「忠武」，專祠祭祀，贈予一等輕車都尉世職。這位老兵的仗打完了，但一八五六年並沒有過去。

看不懂的撤退

丹陽城的危機也並未過去，主帥突然死去，剛從大敗中緩過一口氣的守軍能否抵擋住太平軍的持續進攻，清朝君臣都心中無數。張國梁是降將，功勞雖多但資歷淺薄，是不便掛帥的，而資歷足夠的福興即將被調走，又與張國梁等不睦，清廷只好讓遠在蘇州的兩江總督怡良暫署欽差大臣，並命剛被提拔為江南提督、遠在安徽臨淮關的和春兼程赴丹陽接任主帥。但誰也沒想到的是，咸豐六年七月十三日，也就是向榮死後第四天，城外的太平軍忽然撤了個乾乾淨淨。

清軍很快發現，太平軍是去攻打金壇了，而此時的金壇城裡除了團練，就只有不久前從丹陽派去的李鴻勛部七百多人。於是，丹陽清軍急忙從丹陽、溧陽等地調遣援軍約七千人趕赴金壇。

七月十四日，金壇之戰打響。太平軍初戰告捷，金壇城東、西、北三面都被圍困，各路援軍無法靠近。廿日，張國梁親赴金壇督戰，各路清軍陸續增援。廿九日，太平軍穴地攻城，轟塌金壇西門城牆三丈餘，不料李鴻勛早有防備，在城內添築「偃月壘」，太平軍撲城無功而返。

就這樣，金壇之戰打了二十多天，雙方傷亡十分慘烈，城池搖搖欲墜。就在清方將帥人人捏把冷汗之際，太平軍居然又解圍撤退了！

咸豐六年八月初五日，金壇城外太平軍忽然悄無聲息地連夜拔營撤走，退到句容丁角村一帶閉門不出。

清方將帥面面相覷，擔心是「詭計」，同樣不敢輕舉妄動，小心翼翼地日夜布防，唯恐對方殺個回馬槍。

然而太平軍居然沒有再來——之後他們再次兵臨句容城下，已是一八六〇年的事了。

這真是一場奇怪的戰爭：太平軍並沒有敗，何以突然停止了攻勢？

撲朔迷離

很長一段時間裡，包括《清史稿》、《太平天國史事日誌》等權威性著作，都沿用李濱《中興別記》中的記載，認為秦日綱係在咸豐六年七月廿二日在攻打金壇城時中流彈而死，且直至今日，還有許多研究者以李濱聲稱「金壇圍解後搜獲賊文卷」，認為這個記載可以採信。

當時李濱的《中興別記》卷廿八中對此段記載如下：「丁丑，游擊李鴻勛遣軍出金壇南門築壘，敗還，偽燕王秦日綱斃於流彈，我軍不知。先是，張國梁遣都司陶茂森率千人突賊圍入城協守，鴻勳以城兵漸多，援師且近，募夫百餘出南門為壘，遣衛兵三百版築，甫半，秦酋率黨覘於高阜，官兵遽前擊之，賊馳下，張兩翼夾擊，兵少不能支，奔城，賊從之，鴻勳大駭，亟閉門，令曰『敢入者斬』，兵不得入，返與賊持，賊亦不敢遽逼，鴻勳遣親兵出援，賊退，我軍死三十餘，創百餘，民夫生還者不及半，後圍解，搜賊壘，獲偽文卷，檢之，得秦日綱創斃月日。」

李濱，上元（江寧附郭縣，今屬南京市）人，事蹟不著而著述頗豐，除《中興別記》外，尚有《古餘事略》（由其子遂良於民國五年代撰），並曾於光緒十三年（西元一八八八年）仿宋紹興年間建康府學刊本翻刻宋張敦頤《六朝事蹟編類十四卷》其《中興別記》係編年體史書，敘事考訂，頗稱翔實，素為治學者稱道。但李濱於同治六年（西元一八六七年）才「年已十三」，按照時人用虛歲的傳統，實則僅十二歲，十一年前的金壇之役發生時僅一歲，而他真正開始撰述時已「年三十餘」，成篇時已是光緒三十一年（西元一九〇六年）。顯然，他這段關於秦日綱戰死的記載並非第一手資料，而只能來自轉述。

所幸的是，李濱所轉述材料的原文也保留至今，這就是溧陽人強汝詢所撰寫的《金壇見聞記》。

在《金壇見聞記》上卷中有這樣的記載：「李游擊（李鴻勛）以城中兵漸多，援師且近，謀築營南門外，為掎角勢。哺後，遣役夫百五十人出城，以兵三百衛之，版築甫半，賊渠秦日綱率眾大至，立高阜觀望未進，官兵素輕賊，遽前突之，賊乘高馳下，張兩翼夾擊，我兵少不能支，遂卻，徑趨城門欲入，賊踵至，李游擊大駭，亟閉門令曰『敢入者斬之』，兵不得入，複返擊賊，賊亦不敢逼，李游擊悉遣親兵出戰，至昏賊始退，李游擊亦收軍入城，軍士死者三十餘人，傷者百餘人，役夫得脫歸者三之一，城中大震，是日我軍雖不利，然賊渠秦日綱亦戰死，城中不知也，圍解然後始知之……後因搜（賊）營，得往來文書，始知其詳。」

與《中興別記》對比，這兩段文字中事蹟、經過、傷亡數字完全吻合，甚至許多字句都相同。《金壇見聞記》成書於清咸豐十一年（西元一八六一年，太平天國辛酉十一年），很顯然，《中興別記》的記載直接取材於《金壇見聞記》。強汝詢一八五六年金壇之戰時就在城內，但這本書的創作本意，如作者本人所言，是「恐（贊助守城的清方官吏士紳事蹟）湮滅無聞於後」，通俗地說，就是意在為本城「父母官」邀功，誇大戰績自然是題中之義。

從作者自序和正文中，並未流露出其親身參與團練城守事務的痕跡，文中稱洪秀全為「賊帥」而不知其為「偽天王」，誤太平天國高級將領職稱「檢點」為「點檢」，更誇張的是，為死事者立傳，竟不能知城中清方主將李鴻勛的名字，且誤其後來戰死丹陽（實則戰死於句容），可見作者於軍務或未涉及，即使涉及，也絕非得參機密者。其所謂「得諸賊文報」，若非杜撰，便是誤聽誤信了以虛飾邀功為能事的清軍官兵的私下傳說——之所以說「私下」，是因為不論是當時署理江蘇巡撫的怡良，還是李鴻勛的頂頭上司和春、張國樑，均未在章奏公文中片言隻語提及這次有所謂「賊文報」作鐵證的「誅殺」對手的豐功偉績。要知道以他們的習慣，即使是「風聞」無實證，也是往往寧可信其有，而不厭其煩地向上邀功的，太平天國歷史上翼王石達開、護天侯黃玉琨以及吉文元、周錫能等許多人物被多次「陣斬」，便是最好的佐證。

《金壇見聞記》其實記載了兩次金壇之戰，上卷寫一八五六年之戰，下卷則寫一八六〇年之戰。在敘述一八六〇年破城事的下卷中，說侍王李世賢親率大軍圍城數月，破城後住了三天才入浙江，並且以此向當時已任兩江總督的曾國藩邀功，表示如金壇不死守，則太平軍早就「狼奔豕突」於浙江、江西，將會給清方和曾國藩帶來更大威脅。但事實上李世賢本人跟隨李秀成攻打蘇州，並未親身參與圍城，圍城者僅是其部將值天義盛明文和輔王楊輔清的部將遡天義黎立新所率偏師，且金壇城堅守四個月，當年西曆九月一日方破，而侍王本人所率大軍早在六月中旬就自江蘇平望進入浙江，次日即攻克嘉興府。可見金壇的固守並未如作者所言，牽制了李世賢入浙的腳步——那麼上卷中「殺死秦日綱」的情節，是否可以採信？

在強汝詢的筆下，秦日綱率軍「大至」卻又不敢進攻，僅有三百又需保護民夫施工、此前並無突出戰績的清兵反倒「遽前突之」，此後「李游擊」悉遣親兵出戰，更從「哺後」一直戰到「至昏」。實際上李鴻勛部全軍不過七百人，而且此前守城頗有傷亡，就算「悉出」也不可能酣鬥如此之久。正因為這些情節過於荒誕，見多識廣的李濱在撰寫《中興別記》時頗多刪減，但這反倒讓真相變得更加撲朔迷離了。

其實更多時人記載均表明，秦日綱至少活到了一八五六年十一月上旬，「丹陽戰死說」，是靠不住的一條「孤證」，懂得歷史學常識的人都明白「孤證不立」的道理——何況這個「孤證」，文字、細節還如此荒誕不經。

親身參與丹陽－金壇之戰的李秀成，一八六四年七月被俘後，在供詞中回憶稱，攻破江南大營後，楊秀清下令，讓李秀成等部搬運戰利品入城，「歇兵數日」後才發動追擊。結果在丹陽城外「戰久未下」、「少有戰心」，故而轉攻防禦比較薄弱的金壇。不料清方反應迅速，援軍大集。連日鏖戰中，太平軍攻打南門的勇將殿左十三檢點周得賢又中炮戰死，因此「各有畏

《點石齋畫報》上的清太戰爭圖景。清軍押送俘獲太平軍首領回城。

意」、「人人那時已有退縮之心」，所以才撤軍的。

從李秀成的回憶中不難看出，楊秀清在天京－鎮江戰役獲勝後未即刻發動追擊，而是停留了兩天才出兵，這讓戎馬一生、經驗豐富的向榮獲得了寶貴的布防空隙。隨後的追擊戰又因主帥秦日綱中途「退場」、其餘五丞相（陳玉成、李秀成、陳仕章、涂振興、周勝富）心不在焉而虎頭蛇尾。李秀成素來瞧不起「並無什麼才情」的秦日綱，以至於從皖北出兵到轉戰鎮江、瓜洲、揚州、天京，他居然隻字不提這位頂頭上司，此處自然也不會著墨，結果便讓強汝詢那段匪夷所思的「孤證」文字，混淆了許多人的視聽。

不僅如此，記載顯示，天京太平軍一部由北王韋昌輝率領進軍江西，丙辰六年五月廿七日（西元一八五六年七月三日，清咸豐六年六月初二日），也就是太平軍進攻丹陽的第一天，這路人馬已經抵達江西饒州府外陶溪渡。在天京－鎮江戰役中發揮重大作用的翼王石達開部則在六月初七日（西元一八五六年七月十四日，清咸豐六年六月十三日）出現在江西湖口。後來的行動軌跡表明，這支生力軍的戰略方向是武漢三鎮。很顯然，接連在江西、天京得手後，楊秀清仍然堅持讓石達開完成既定的湖北攻略。

這樣一來，在蘇南方向作戰的，就只剩下已轉戰半年多、早已厭戰的秦日綱部，從鎮江回到天京城東時他們就不想攻打江南大營，但被楊秀清嚴令逼迫，不得已才奮勇一戰，出現後來不了了之的戰局，也就不足為奇了。

這樣的局面對太平天國而言，不能不說是個很大的遺憾：如此巨大的勝利，居然未能換來大片疆土的拓展，甚至連天京、鎮江兩地的圍困也不能說澈底打破[22]。煞費苦心、興師動眾的大戰略、大調動，居然只有這樣有限的戰果，說「雷聲大、雨點小」並不為過。

然而任何事都必然有其前因後果。從不動聲色布下偌大棋局，到運籌帷幄，料敵機先，調動各路人馬縱橫馳騁於大江南北，將各路強大的清軍逐一擊破，直至攻破孝陵衛大營時都顯得「英明神武」的楊秀清，何以隨即便犯下如此一連串奇怪的錯誤？原本領銜追擊江南大營潰兵的秦日綱，又何以莫名其妙從金壇城外消失？

一八五六年，緊接著江南、江北兩大營的崩潰，丹陽、金壇城外所發生的這場「奇怪戰爭」，其背後究竟隱藏著怎樣的真相？

22

天京城外丹陽、金壇都未攻破；鎮江城外，清軍京峴山大營未被攻破，宛如釘子般紮在城邊。

第八回　天京事變

天京亂了

丹陽、金壇城外虎頭蛇尾的「奇怪戰爭」，以及其他許許多多令人費解的謎團，很快就有了答案：楊秀清死了，天京亂了。

許多人本以為，天京－鎮江戰役是一八五六年中國大地上的頭等大事，這場決戰的勝負結果，是持續多年中國內戰的「勝負手」，然而更重大的事件居然不旋踵便在同一年發生了。

咸豐六年八月底九月初，接辦江北大營軍務的都統銜欽差大臣德興阿、幫辦翁同書向北京發出一份奏報，稱據派駐天京觀音門的總兵陳世忠稟稱，八月廿五（西元一八五六年九月二十三日，太平天國丙辰六年八月十七日）、廿六等日，。見有長髮屍骸不可數計，由觀音門口內漂流出江，內有結連捆縛及身穿黃褂者」，並稱已經探明，天京城內發生內亂，「自相戕害」，楊秀清已被殺死，「各營具所報俱符」。

這是目前所知最早的對楊秀清之死的公開報導。後來人們才知道，楊秀清死於太平天國丙辰六年七月二十七日（西元一八五六年九月二日，清咸豐六年八月初四日）深夜。如今人們把這件一八五六年中國所發生的最重大事件，稱為「天京事變」。

「奇怪戰爭」結束、太平軍五丞相部從金壇城外忽然退兵，正是發生在楊秀清被殺翌日。而此前神祕消失的這支太平軍的主帥頂天燕秦日綱也並沒有死於金壇城下，而是在此之前悄悄離開軍營，祕密潛回了天京——圍攻東王府的「前敵總指揮」，正是這位一年前剛剛領銜編《行軍總要》，將楊秀清描述得文韜武略、用兵如神「無所不知、無所不能、無所不在」的太平天國重要人物。

但他並不是主謀，甚至連「主要同謀」都未必算得上。

真正的主謀是誰？天京事變的真相，又究竟是怎樣的？

在英國國家圖書館中，保存著一本太平天國癸好三年（西元一八五三年）的修訂版《太平禮制》。從圖書館方面所作的標籤看，當是一八五四年二月，英國特使小包令和麥華陀乘軍艦訪問天京時所獲贈書，再由小包令或其父親老包令（即約翰．包令，香港總督兼駐華公使）捐贈給這家圖書館的。

有位通曉漢語的不知名讀者，在一八五六年天京事變發生前夕，仔細閱讀了這本書，並留下前後十五條、多達數百字的眉批，其中一條眉批從「東王顯與太平敵體」的現象中，得出「古時大都耦國猶能為亂，況大事未集之時乎？決然不能成事」的結論。這一海外旁觀者的預言，不久後就為發生於一八五六年九月二日的天京事變所證實。一百多年後到訪該圖書館的史學家王慶成先生讀到這裡，不由驚歎：「這位讀者得出這一印象是神奇的。」

其實在當時，作出這種神奇而準確預言的，絕非僅僅這位倫敦無名氏一人。

本身僅是「六品銜湖北即補府經歷縣丞」芝麻小官的張德堅，因在艱難紛繁、漫無頭緒的環境裡，梳理出一本翔實客觀，堪稱前期太平天國制度、人物、事蹟最完整、準確記錄的情報集《賊情匯纂》，從而「名垂史冊」。在這部現編現用、供湘軍作「敵情匯總」使用的工具書中，提前一年多預言「似不久有併吞之勢」，並準確推測出矛盾將發生在楊秀清和韋昌輝之間。

這樣的推測並非偶然。

這兩位中外預言家互不相識，從未謀面，卻不約而同從同一個細節切入，得出了相似的結論：體制。

天國體制

天京事變前的太平天國體制，是頗為奇特的。

表面上看，這個體制似乎頗為經典，甚至復古。

這個國家有君：天王洪秀全一人獨尊，繼承人則是他的長子、幼主洪天貴福。洪秀全以「上帝次子、耶穌胞弟」自居，聲稱受「天父上主皇上帝」委派「下凡誅妖」，為「天下萬國之主」、「太平天王大道君王全」。他和「代代幼主」對君權的壟斷是純粹、絕對的，不容任何異姓染指。這個國家有從中央到地方完整的行政建制架構。

在中央，四軍師、五主將[23]總攬軍政大權，並總成於楊秀清。天、地、春、

23　因蕭朝貴、馮雲山等早死，此時實際上只剩二軍師。三主將，即左輔正軍師中軍主將東王楊秀清。後護又副軍師右軍主將北王韋昌輝、左軍主將翼王石達開。

夏、秋、冬六官二十四名丞相分任吏、戶、禮、兵、刑、工六部，各司其職。檢點、指揮、將軍等各級職官或留京，或外派，擔負軍政方面之任。侍衛、左右史、學士等構成為天王宮廷服務的機構。無所不包的「諸匠衙」和各種「典官」，則擔負起各行各業的管理工作。

在地方，建立了郡、縣兩級行政機構。郡總制－縣監軍構成地方主官層級，軍帥－師帥－旅帥－卒長－兩司馬和伍長則構成城鄉基層管理體系。

在軍中，全軍編成一百零六個軍（陸軍九十五個，水營九個，土營二個），並由總制－監軍－軍帥－師帥－旅帥－卒長－兩司馬等各級「軍中官」層層統帥。

不論地方與軍隊，在地方官、軍中官之上，都有被稱為「佐將」或「欽差大臣」的高級官員負總責。

這個體系對於帝王時代的中國人而言，可謂再傳統不過。「六官」和軍帥以下軍中官、鄉官的編制、名稱，都照搬《周禮》，軍師以下各級職官，也大多古已有之。一些看似變通之處，也並非無稽可查，比如「天王」，是夏商周三代和前秦、北周等所使用，且理由和洪秀全如出一轍（只有上帝才能稱帝），而以主將這種軍銜秉政，春秋時的晉國（中軍元帥、上下軍主將和三軍佐）和兩漢（大將軍）都採用過。即便洪秀全的自我神化，嚴格說也並未擺脫「天子」、「君權神授」的窠臼。

但實際情況卻與紙面制度大相徑庭。

首先，軍師、主將的地位並不平等，也非共同對天王負責，而是天王垂拱而治；副軍師以下都對楊秀清一人負責。其次，表面上看起來井井有條的六官、百僚分工，實際上全然被打亂。真正執掌六部職事的，是東王府屬官——東殿六部，六官丞相成為標誌幹部級別的虛銜，具體工作要聽從楊秀清安排；本應聽命於天王的各軍，也要「聽東王將令」，沒有楊秀清領銜頒發的將憑、官執照，各路「佐將」和各軍主官連「專殺」的權力都沒有。

還有一些制度，表面上遵循了常規程式，但實際上卻並非如此。如法規、制度、禮儀、冠服、曆法，表面上是由楊秀清領銜制定，上呈洪秀全「旨准」，最終決斷權在洪秀全手裡。再如處決重要人犯，任免高級官員，同樣要走「旨准」的手續，但實際上據各方記載，洪秀全對楊秀清的上奏一概「旨准」，且除了楊秀清、韋昌輝、石達開三人外，其他官員「概不准奏事」。也就是說，真正管事的不是洪秀全，而是楊秀清。

這種奇怪權力結構所造成的直接後果，是洪秀全的「消失」：大本營就在南京城外孝陵衛、從廣西一路追趕太平軍到江南的清欽差大臣向榮，竟很長一段時間弄不清洪秀全究竟死了沒有。

太平天國史學專家羅爾綱先生對於太平天國政體有個著名的論斷，認為洪秀全實行的是「虛君」，是「軍師負責制」，並認為這種「虛君」和「軍師負責制」是「農民民主傳統」的集大成者，而後期洪秀全「破壞軍師負責制」則是犯了「封建化錯誤」。簡單地說，就是洪秀全這個天王本來就該是「虛」的，啥事都不負責是他的本分；而後期他開始管事、攬權，則是壞了國家規矩的「違章」行為。

照這一邏輯，太平天國癸好三年（西元一八五三年，清咸豐三年）太平天國定都天京之初，洪秀全垂拱而治、楊秀清獨攬大權是合理合法的，因為前者就應該是「虛君」，而後者這個軍師本來就該「負責」；丙辰六年（西元一八五六年，清咸豐六年）天京事變爆發的根本原因，則是「負責」的楊秀清不滿足於僅僅負責而不是「君」，要連洪秀全的「虛君」名號也一併剝奪。

事實是否真的如此？

太平天國雲馬圓戳，檔上加蓋雲馬表示「加急件」。

太平天國銅錢，請注意，「天」是上橫長下橫短，「國」字中間是「王」，不是「或」、「玉」。

權力的爭奪

記述洪秀全早期事蹟的太平天國官書《太平天日》說，天酉年（西元一八三七年，清道光十七年丁酉），洪秀全做了著名的「天酉異夢」後，對姐姐洪辛英說的第一句話就是「朕乃太平天子」。如果說《太平天日》這本太平天國官方「政治宣傳手冊」形同神話故事，有替洪秀全臉上貼金之嫌，那麼早在洪秀全傳教之初就掛在嘴邊的，對「君不君、臣不臣、父不父、子不子、夫不夫、婦不婦」的憎惡，和「總要君君臣臣父父子子夫夫婦婦」的願景，雖也來自另一本「政治宣傳手冊」《王長次兄親耳親目共證福音書》，卻可從保存下來的洪秀全早期傳教文章中找到許多佐證。儘管僅從這兩句話中甚至都嗅不到多少「造反意識」，但洪秀全心目中理想的「君」，顯然絕不是什麼「虛」的。

等到真的開始「謀國」、「打江山」，洪秀全想做的，也絕非什麼只有虛名、沒有實權的「虛君」，他極力渲染並添油加醋的「上天誅妖」事蹟中，天父

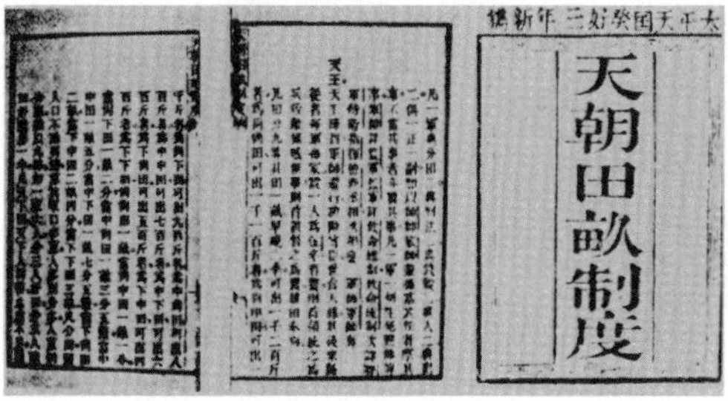

太平天國《天朝田畝制度》。

太平天國玉璽圖樣。

賜給他的兩件寶物，是一枚金璽和一柄「雲中雪」（戰刀）。前者表示授予權力，承認他是「天下萬郭真命真聖主」，是塵世間至高無上的王，後者表示授予「斬邪留正」、「生殺予奪」的大權。也就是說，他這個「太平天王大道君王全」既有權綜理國務，又有權決斷殺伐，且這兩項最「實」不過的君主權力，是「天父上主皇上帝」親自賦予的。

後來，太平天國建國後直至一八五六年天京事變，大權雖一直掌握在楊秀清及早期的蕭朝貴手裡，但楊、蕭都是文盲、半文盲，雖然楊秀清精明強幹，蕭朝貴狡黠多思，卻無力構建一個像樣的政府構架，這方面的工作，自然只能任由洪秀全本人與馮雲山、盧賢拔等圍繞在洪秀全身邊的「筆桿子」來設計。因此，早期太平天國的官職體系，若僅從名目上看，反映的其實是洪秀全本人而非實際掌權的楊秀清的意志，而名目上的前期官職體系，正如前文所述，恰是一個再傳統不過的君主集權體系。

太平天國服飾。

太平天國基層軍人穿的制服，被稱作「招衣」。

這一時期太平天國自己的口徑也從來不說什麼「虛君」。印刷數量巨大的兒童識字課本《幼學詩》中寫得明明白白：「天朝嚴肅地，咫尺凜天威。生殺由天子，諸官莫得違。」「一人首出正，萬國定咸寧。王獨操權柄，讒邪遁九淵。」對洪秀全君權的描述，和明清帝王並無多大分別。甚至由所謂「軍事負責制」的一把手楊秀清授意編寫的《天情道理書》，上面也清清楚楚寫著「王（天王）獨操權柄」，即洪秀全說了才算。

問題是，自一八五一年（甚至更早的金田團營時期）至一八五六年天京事變，洪秀全這個照紙面規定一點不「虛」的君，實際上卻的確給人以「虛君」的感覺。

之所以如此，並非由洪秀全一手設計的太平天國官制，本著什麼「農民民主思想傳統」，設置了一個「虛君」和一群「負責的軍師」，而是楊秀清、蕭朝貴這兩位既有一定頭腦又有一定實

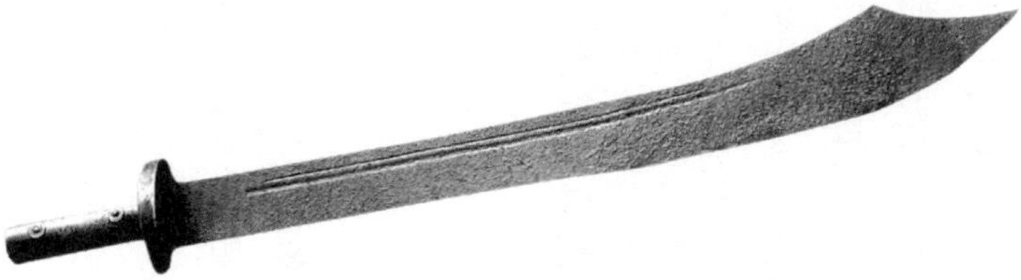

太平軍使用過的戰刀，他們也使用帶有西洋特點之帶護手的雙柄刀。

力的拜上帝會後起之秀，抓住馮雲山打官司的良好時機，用假託天父天兄下凡的手段，以「洪秀全親爸爸、親哥哥」的名義，理直氣壯地先把自己變成軍師，再把軍師變成「實際負責」。「生殺由天子」、「王獨操權柄」不假，但「天子」和「王」總得聽天父天兄的吧？「諸官」當然「不得違」。楊秀清、蕭朝貴沒有「真神附體」時，也的確以臣子、弟弟的面目出現，對洪秀全這位「二兄」、「天子」恭恭敬敬，但一旦他們覺得洪秀全的發號施令讓他們覺得不舒服、不滿意，便隨時可以祭起「傳天父天兄真神真聖旨」的絕招，讓「天子」的親爹、親哥哥來教訓這位並不「虛」的君。

洪秀全是否對這種大權旁落感到萬分不自在？恐怕不見得。

從其前後表現和性格特點看，處理繁瑣的政務並非其興趣和能力所在，他更喜歡以教主和理論家自居，致力於在他看來更重要的「神學」，並借助神的力量駕馭和控制部眾。這樣更輕鬆，在某些時候的確也更有效。楊秀清等人的「實權」一半是連騙帶搶拿走的，另一半（甚至一多半）則是洪秀全主動讓出的，如封授官爵、核准死刑等，洪秀全是有權過問的，但實際上他卻連新上任官員的謝恩本章都懶得多看。後期楊秀清等人或死或走，他的權力再不受任何制約，但他先是把行政權力分配給由外戚、武官組成的「掌率」團隊，繼而再移交給太平天國己未九年（西元一八五九年，清咸豐九年）才輾轉趕來的新軍師、族弟洪仁玕。

楊秀清的「專權」並非「擅權」，而是洪秀全認可的，事實上楊也的確比洪更善於處理軍政事務。在楊秀清專權的背景下，原本應該作為中央六部主管對洪秀全負責的六官丞相，原本應該在「殿前」充當各種職責的檢點、指揮、侍衛，也就必然「不務正業」，被楊秀清當作「哪裡需要哪裡搬」的一塊磚；而職責相對固定的東殿六部，則反倒承擔了諸多實際的行政事務。但這並非意味著東殿六部才是中樞行政機構，事實上大多數關鍵政務，是由楊秀清臨時指定地位比東殿六部尚書地位更高的「侯相」來負責。這種臨時指定，自然不可能和六官丞相的本來繫銜一一對應，如夏官丞相黃玉琨在一八五三～一八五四年期間曾經負責刑事案件審理，而刑部本應由秋官丞相負責，可這期間的幾位秋官正副丞相竟沒有一個從事「本職工作」，如朱錫錕參加掃北遠征，盧賢拔實際負責的是制禮作樂等本應由春官丞相承擔的工作，曾天養西征，鐘廷元在揚州鎮守。

說到這裡就該明白，所謂「軍事負責制」並不存在。楊秀清、蕭朝貴能發號施令，並非因為他們是軍師，而是因為他們能「天父天兄附體」，用洪秀全親爹、親哥哥名義說話；而另一些軍師，如同時期的馮雲山、韋昌輝，後期的洪仁玕、李秀成，因為沒有這種特殊「技能」，即便掛上軍師頭銜，也負不了什麼大責。

如前所述，不喜歡實際工作而更擅長說「天話」的洪秀全，對這樣的分工並非不能接受。在天京事變後韋昌輝要大開殺戒，他就表示「爾我非東王不能至此」，主張對楊秀清部署家人寬大處理，這表明他對楊秀清的能力是認可的。楊的專權一方面是自己有意攬權，另一方面，又何嘗不是洪秀全因「厭政」而主動交權所致。當然，洪秀全並不認為這是厭政，因為在他看來，自己所負責的「天事」，比「凡間」軍政大事更重要。

問題恰恰在於，隨著軍事形勢的好轉，洪、楊兩人都漸漸覺得，現有的「革命分工」變得不那麼牢靠，或不那麼合理了。

認為不那麼牢靠的是洪秀全，他漸漸認為，楊秀清要攘奪的不僅僅是君主職權，還有君主地位本身。而這一點在楊擁有「天父下凡」這一「超能力」的背景下，的確是有可能做到的——更何況，這位「傳天父上帝真神真聖旨」的通天人物，只要自己高興，就隨時可以從「人臣」變「天爹」，這是最看重「神權」的洪天王，所不能堪的。

早在太平天國癸好三年（西元一八五三年，清咸豐三年）太平軍進入天京城之初，楊秀清就因不滿洪秀全否定中國歷史人物、禁焚古書的政策，托天父下凡，說：「天命之謂性，率性之謂道，及事父能竭其力，事君能致其身，尚非妖言，未便一概全廢。」逼迫洪秀全改「燒書」為「刪書」，設立刪書衙，宣稱四書五經等經過刪改就可以「旨准頒行」。當年天曆十一月廿日，楊秀清為了懲罰洪秀全苛待女官，並想借機奪取天王府內著名美女朱九妹姊妹倆，在和韋昌輝、秦日綱等議事時突然「天父下凡」，連夜闖入天王府，以「迎接遲緩」為由，要杖責洪秀全四十。聞訊趕來的韋昌輝、秦日綱哭求代君受過，方才免杖。甲寅四年（西元一八五四年）六月初一日，他再托天父下凡，稱「舊遺新遺詔書（即《舊約》和《新約》）多有記訛」，「不用出先」，停止了洪秀全最為重視的《聖經》的出版。乙榮五年（西元一八五五年）八月廿六日，「天父下凡」至金龍殿，借批評洪秀全不讓妻子長時間問候母親，要求洪「凡事若想不到，宜與爾清弟商酌為可」……這些僅是在《天父下凡詔書》和《天父聖旨》中記載的，而實際發生的「天父下凡」自然更多。

且不說原本要作為臣子「立在陛下」的楊秀清，一旦「天父附體」就登時乾坤倒轉，可以逼洪秀全下跪，打洪秀全的屁股，是件多麼讓人難堪的事，「天父」的許多「聖旨」，實際上也已侵犯到洪秀全認為神聖不可侵犯的領域。如果說，讓楊秀清獨攬大權，把自己架空，是洪秀全能忍甚至樂為的，那麼和「高高在上」的「天父」共用「神權」，甚至屈居其下，則是洪秀全所不能接受的。

即便如此，倘楊秀清能把握「神」和「人」的分寸，在「下凡」方面適當把握尺度，對洪秀全的君權表現出足夠尊重，這種難堪的關係，仍然可以維持較長時間。畢竟，洪秀全之所以能順利當上天王，楊秀清「代天父傳言」證明他這個「上帝次子、耶穌胞弟」和「太平天王大道君王全」貨真價實，是極其關鍵甚至可說必不可少的一環。正因如此，天京事變殺死楊秀清後兩年，洪秀全不得不捏著鼻子給楊秀清「徹底平反」，因為倘說「天父下凡」有問題，不啻說，他這個「天父次子」和「天父」親封的「天王」，也是徹頭徹尾的贗品。

應該說，最初楊秀清是很注意這個「度」的：打洪秀全屁股後兩天，他就以「臣」的身分登朝謝罪，大談了一番「君君臣臣」之道，緩和了與洪秀全的關係；該請「旨准」的事，他也禮數周全，不厭其煩地走這個繁文縟節的過場。但隨著軍事形勢越來越好，自己權勢越來越大，他對這個「度」，開始有意無意地忽視甚至藐視，這不免讓本已對平空多出個「天爹」鬱悶不已的洪秀全，開始擔心自己若不先下手為強，恐怕連「虛君」也快做不成了。洪秀全熟讀的《周禮》中說，天子的八項最重要權柄是爵、祿、廢、置、生、殺、予、奪，按照今天的話說，就是用人權、提拔權、賞賜權、赦免權，以及與之對應的廢黜權、降職權、沒收權、處死權。別的權都可以放，這八項是必須由決策者牢牢掌握、斷然下放不得的大權，而如今，這八項大權，幾乎都旁落東殿，洪秀全自然會感到芒刺在背。

太平天國畢竟不是只有洪、楊兩個人，身為副軍師、主將的韋昌輝、石達開，以及地位僅次於他們的幾位——頂天燕（前燕王）秦日綱、護天豫（前豫王）胡以晄、佐天侯（前興國侯）陳承鎔等，也在權力格局中舉足輕重，他們中任一人都不可能和洪、楊分庭抗禮，但他們的向背，卻足以影響洪、楊之間博弈的結果。

韋昌輝地位僅次於楊，在朝中、軍中勢力深厚，且城府很深，凡事不動聲色。楊秀清曾因為各種緣故責罵甚至杖責韋昌輝。如果說，甲寅四年二月，韋昌輝部下張子朋激變水營，險些闖下大禍，楊秀清處罰負有連帶責任的韋昌輝尚屬公道，那麼丙辰六年三月初五日（西元一八五六年四月十一日，清咸豐六年三月初七日），「天父」因為韋昌輝迎接「下凡」不敲鑼，打了四十大板，就顯得蠻不講理——因為讓韋昌輝「恩免鳴鑼」的，正是「天父」本人。雖然老辣的韋昌輝表面上滿不在乎，甚至對楊秀清「益恭」，心裡卻只能是既恐且恨。

相對而言，石達開和楊秀清的關係似乎要好得多。《賊情匯纂》裡說，楊秀清「喜其誠愨」，經常委以重任，相對於地位更高的韋昌輝，石達開手握重兵、獨當一面的機會更多，時間也更長，安徽、湖北、江西的軍政大權，都曾交到他一人之手。但石達開對喜怒無常、動輒下凡的「天父」，自然巴不得敬而遠之。時人記載，他每逢聽說「天父下凡」，就嚇得渾身冷汗。

至於秦日綱、陳承鎔，兩人都曾在「同庚叔事件」[24]中蒙冤受屈。後者作為朝官領袖屢受屈辱，前者更一度「革職為奴」。兩人對楊秀清同樣既有怨恨，也有恐懼。

以上三人是朝中地位僅次於楊的最高級別官員（天京事變前胡以晄病逝於江西臨江），他們尚且如此畏懼，比他們地位更低者，則對楊秀清和「天父」的喜怒無常、刑賞莫測戰戰兢兢，唯恐一不小心觸上霉頭。

他們之所以如此恐懼，是因為「天父」無所不知、無所不在、無所不能，「洞人隱私，無所不中」，這當然不是真的靠「神力」，而更多仰賴其發達的耳目系統。正因為這些耳目無孔不入，各級官員才對這位東王畏若神明，但也正因為此，他們很難對這位半人半神的「天父」發自肺腑地親近。同病相憐，加上君臣名分，這些人很容易在洪楊之爭中倒向洪秀全，而這就注定了天京事變的結局。

天京城裡的真相

那麼，天京－鎮江戰役後，天京城裡究竟發生了什麼？對於此，各方記載出入很大。

張汝南《金陵省難紀略》、滌浮道人《金陵續記》等都說楊秀清飛揚跋扈，使得忍無可忍的洪秀全密令韋昌輝、石達開、秦日綱等人設法除掉楊秀清。這些記載和李秀成的供詞都認為，楊秀清逼洪秀全封自己「萬歲」，惹來殺身之禍，但和其他幾位不同，當時在句容、金壇前線的李秀成堅持認為，洪秀全本人沒參與密謀，是石達開、韋昌輝、秦日綱三人「大齊一心」合計的結果。被一些人認為參與了殺楊密議但事發時遠在湖北的石達開則稱，楊秀清性情高傲，洪秀全為激怒韋昌輝等人動手，故意加封楊秀清萬歲，結果韋昌輝等人果然發作，把楊秀清殺了。

各家記載都說有「封萬歲」的事，只是有楊秀清逼封、洪秀全故意加封兩個版本。而密議殺楊的版本則更多，有認為係洪秀全主使，韋昌輝、石達開、秦日綱參與的，也有認為洪秀全或石達開未直接參與的。記載者既有當時人（如滌浮道人），也有被認為相當嚴謹的後來人（如李濱）；既有太平軍方面的人，也有根據目擊者口述寫作的外國人（如根據愛爾蘭雇傭兵肯能口述而成並流傳至今的三篇報導），但事實真相究竟是什麼呢？

---

24 秦日綱府中牧馬人見到楊秀清同庚叔父未起立致敬，被同庚叔抽了二百鞭後送負責刑審的石達開岳父、衛國侯黃玉琨處懲辦。黃認為抽二百鞭本就過當，不肯追加處罰，同庚叔大鬧公堂後向楊秀清告狀。楊秀清袒護親戚，勒令石達開嚴懲黃玉琨。黃玉琨同為之打抱不平的秦日綱、陳承鎔都辭職抗議。楊秀清大怒，重責秦日綱一百、陳承鎔二百，而黃玉琨投水自盡不成後被一度革職。

楊秀清「性情高傲」顯然是毫無疑問的，他有強烈的權力欲，對洪秀全百般壓制，也是無爭議的事實，但他是否逼封過「萬歲」，目前的說法，其實都來自一個信息源——洪秀全。

唯一記載「逼封」日期的是李濱《中興別記》，稱太平天國丙辰六年七月十六日（西元一八五六年八月二十二日，清咸豐六年七月廿二日）逼封，丙辰六年八月十七日楊秀清生日當天正式加封。但李濱自己的記載稱，他在同治六年（西元一八六七年）才十三歲（其實應該是實歲十二）。《中興別記》出版於清朝滅亡前一年的宣統二年（西元一九一〇年）。天京事變發生時，這個土生土長的南京人只有兩歲或三歲，很顯然，他的記載不能作為一手資料。而其他記載者都直接或間接來自楊秀清死後、洪秀全方面的說辭。只能說，楊秀清是否封萬歲，是主動逼封還是洪秀全故意加封，仍然是個未解的謎團。是否有密議，洪秀全是否參與密議，有不同意見的是李秀成和石達開。但從韋昌輝、秦日綱幾乎同時祕密回京，朝臣領袖陳承鎔親自接應，以及「無所不知、無所不能」的楊秀清竟然毫無防備等事實可以斷定，洪秀全正是殺死楊秀清的主謀，沒有他的調度，這些人就算有殺楊的膽子，也不敢互相串聯，同時動作，更不可能如此成功地瞞天過海，在楊秀清眼皮底下磨好屠刀。

李秀成當時並沒隨秦日綱回天京，事發整個過程都不在場，他的說法顯然是洪秀全的官方版本，沒有洪秀全這個主謀毫不足奇。石達開否認存在密議，則有兩個可能，要麼他事先被排除在密議之外，要麼他為了撇清自己，索性連密議也矢口否認了。順便提一句，《天父聖旨》這部「楊秀清語錄」最後一條，記錄於太平天國丙辰六年七月初九日（西元一八五六年八月十五日，清咸豐六年七月十五日），即楊秀清被殺前十八天，說「秦日綱幫妖，陳承鎔幫妖，放燒（火）燒朕城了矣，未有救矣」，被發現後曾為許多人認真解讀，或以為可以借此判斷事件責任人，或認為是楊秀清打擊、迫害秦陳二人的證據。但必須看到，這部「語錄」是事變發生多年後，已為楊秀清平反、急欲掩蓋此事的洪秀全親自主持出版，這句「天話」與其說是楊秀清說的，毋寧說是「洪秀全希望楊秀清說的」，意在撇清天王自己而已。

如此一梳理，天京事變的脈絡就很清楚了：被攘奪了權力的洪秀全對動輒借「天父下凡」威脅自己地位的楊秀清忍無可忍，表面繼續推崇，暗中卻與韋昌輝、秦日綱、陳承鎔（可能還有石達開）等朝中大員密議，趁太平天國剛獲得空前大捷、楊秀清志得意滿放鬆警惕之際，利用陳承鎔掌握城門鑰匙的便利，悄悄將韋昌輝、秦日綱等人及其心腹親兵召回天京，用突襲的手段殺死了楊秀清全家和許多親信。

據《金陵續記》稱，是韋昌輝親自指揮了突襲東王府的行動，當場被殺者包括東王父子、家丁二十七口、「偽王娘五十四口」以及「擄禁服侍被奸有孕」

的其他侍女。隨後的記載雖然眾說紛紜，一些繪聲繪色的描寫，如「苦肉計」、「鴻門宴」和東殿－北殿內戰等，都未必屬實。但太平天國骨幹、重臣成批死於此役是確信無疑的。可以確認在事件中被殺的，包括補天侯李俊良、助天侯劉紹廷、翊天侯吉成子、扶天侯傅學賢、東殿吏部二尚書侯謙芳；可能死於此事件的，還有前鎮國侯盧賢拔等多人。《金陵省難紀略》稱整個天京事變為韋昌輝等殺死的太平天國骨幹超過二萬，可能誇大，比如當時因楊秀清過於托大，派到各地帶兵的楊姓國宗，有記載被殺的，僅有安慶的一例（主使者是洪秀全的近親張潮爵）；而《金陵續記》稱，有大批東殿出征將官被調回處死。但從史料中可知，不但東殿承宣黃文金、胡鼎文等關係較疏遠的東殿部屬安然無恙，和楊秀清關係密切的李壽暉、李壽春兄弟，甚至「民憤很大」的林錫保，都同樣倖免於難，然而在京的大批東殿屬官、朝臣及其家屬遇害。剛到達個人成功巔峰的楊秀清，就這樣稀裡糊塗地死於非命。

許多記載都表明，直接指揮圍攻東王府的是秦日綱，打頭陣的則是已革冬官副丞相職、時任北殿右廿承宣的許宗揚（有傳聞稱是他突入東殿並殺死了楊秀清本人）。許宗揚在太平天國甲寅四年（西元一八五四年，清咸豐四年；曾受命與夏官又正丞相曾立昌、夏官副丞相陳仕保北援「掃北」的林鳳祥、李開芳部。援軍在山東臨清州潰敗後曾、陳先後戰死，只有許率眾逃回，被楊秀清革職關入東牢，後釋放、降職。他在天京事變中如此積極的表現，恐帶有公報私仇的因素。而接踵而至的歷史事件即將表明，楊秀清被殺的剎那間，不僅是一八五六年最重要的一刻，也是整個十九世紀後半葉中國歷史最重要的轉捩點之一。

第九回　血，還在流

神人一體

楊秀清突然被殺，讓太平天國原本微妙的政治平衡一下子被打破了。

太平天國政權是一個政教合一、「神人一體」的特殊政權。

在世俗層面，洪秀全假託「真天命」，自稱天王，統治中國和「天下萬國萬方」，且這種統治將由他傳遞給早在金田起義時就被封立為「幼主」的長子洪天貴福，再由洪天貴福傳承給「代代幼主」。在君權之下，則分別建立了王－侯兩級（一八五六年天京事變之前燕爵、豫爵都只有一人，可視作王爵的特例）世襲的爵位體系，軍師－（主將）－丞相－檢點－指揮－將軍－總制－總制以下軍中官的非世襲「職稱」體系，省－郡－縣三級地方行政體系，以及軍－師－旅－

卒－兩－伍六級軍隊編制暨基層城鄉行政編制體系。

如前所述，這種世俗官僚行政體系雖然頗多標新立異之處（如多達二十四位的丞相等），但大體上都有章可循，如六級軍隊編制源自《周禮》（甚至連軍師旅卒兩伍的編制、主官名稱都原封不動照搬），軍師、丞相、指揮、總制、監軍、侍衛、尚書等正、雜職官員的名稱都是古已有之的，而檢點、承宣等個別新創官名也多有出處（如檢點作為最高級別的武官，應源出五代時武官最高職位殿前都點檢）。至於職權和古制不同，也是司空見慣的事，如西漢早期的尚書不過是少府治下的小官，中書令更是例由宦官出任的內廷祕書。而到了東漢、魏晉，尚書演變成「部」負責人，中書令更演變成了宰相。北宋元豐改制之前，官名和實際職任幾乎完全無關，倘只看官稱不看後面的「使任」，根本猜不出此人究竟是做什麼的。太平天國的這套體制，從表面上看，在一八五六年的時候是沒有太多「出格」之處的。

在宗教層面，洪秀全認為，僅僅像前代君主那樣自稱「天子」，是遠遠不夠的，因為按照拜上帝會教義，世界上所有的人都是「天父上主皇上帝」的兒子，「天子」本身已毫無「貴重之氣」。為凸顯自身血脈的非同尋常，他通過「天酉異夢」和戊申年（西元一八四八年，清道光廿八年）冬「詔明」的「太平天日」學說，將自己塑造成「皇上帝」耶和華（拜上帝會稱「爺火華」）嫡生的次子，與「天兄」耶穌同為聖母瑪利亞所生，自己是奉「天父天兄」之命

西方繪製的太平軍形象，著重點在頭髮的髮型。

英國人筆下的太平天國人物。

「下凡救世」，作為人間萬國君主，來拯救世人擺脫「閻羅妖」（清廷）的毒害。

理論上，這個「神人一體」政權的核心和樞紐，應該是洪秀全本人，因為從「神」的角度，他是「天父天兄」派到「凡間」最高貴的代表；從「人」的角度，他是「真命天子」，是至高無上的君王。

然而看似完美的體系，幾乎從一開始就出了問題。

天父、天兄、天王

洪秀全的拜上帝教創辦於廣東、興旺於廣西紫荊山一帶，但洪秀全只是教主，卻非實際傳教組織——廣西「拜上帝會」的真正創始人，他的同學、好友和親戚馮雲山才是。這樣一來，洪秀全可以作為至高無上的「洪先生」，被用於吸引萬千教眾的崇敬，卻不便親自出馬綜理萬機。更麻煩的是，馮雲山本人是廣西的「客人」，不得不依賴當地土生土長的大族和民間有聲望的領袖，而後者更「接地氣」，人力、財力和地利之便都占足，很快便不滿足於其從屬地位。馮雲山一八四八年被捕入獄，洪秀全一籌莫展，拜上帝會內出現許多「神明附體」者，這些實際上就是代表不同家族、勢力，試圖爭奪拜上帝會話語權的人物。

最終笑到最後的，是在紫荊山燒炭黨人和江湖遊民中有號召力的楊秀清，以及與他結盟、兼祧當地蕭蔣兩大姓且還是小有名氣「僮子」（跳大神的）的蕭朝貴。他們分別假託「天父」、「天兄」下凡，戰勝其他「神明附體」者，奪取了拜上帝會的「神權」。

他們之所以能成功，關鍵在於爭取到第三位同盟者的加入——洪秀全本人。

和其他「神明附體」者不同，楊秀清、蕭朝貴在「天父天兄」附體時，不厭其煩、連篇累牘地為洪秀全的「上帝次子、天兄胞弟」身分背書，並對核心教眾「詔明」洪秀全的「太平王」地位，這些正是洪秀全夢寐以求卻苦於找不到證據的，還有什麼比「天父天兄」親口證明自己是兒子、弟弟來得有說服力，而要獲得這樣的說服力，洪秀全就必須先認下這個「天父天兄」，也就是承認楊秀清、蕭朝貴有代「天父天兄」傳言的特權。

如此一來，「天王」和「天父天兄」就形成了連環套的證據鏈：「天父天兄」需要「天王」證明他們說的是「天父天兄」的話（兒子自然認得父親和哥哥），而「天王」則需要「天父天兄」證明自己是「太平天王大道君王全」。由此，雙方彼此都需要對方這個「關鍵證人」。

問題在於，「天父天兄」一旦獲得「授權」，就不會僅僅滿足於做洪秀全的「證人」，而是力圖做他和太平天國的主人。從一八四八年年底至一八五六年，楊秀清、蕭朝貴（西元一八五二年，即太平天國壬子二年、清咸豐二年，死於長沙城外）不斷通過「神權」攘奪本應屬於洪秀全的太平天國軍政主導權。這樣一來，政教合一、「神人一體」的太平天國在一八五六年前真正的核心，不是「養在深宮人未識」的天王洪秀全，而是「清醒」時為人臣之首、「立在陛下」的左輔正軍師東王，「入夢」時為天王「魂爺」，可以讓洪秀全跪在自己面前的勸慰師、聖神風楊秀清。

西人筆下的太平天國女眷。

三師一主

楊秀清生前最後的頭銜，是讓美國傳教士丁韙良[25]切齒不已、並從太平天國同情者瞬間轉為最激烈批評者的「禾乃師贖病主勸慰師聖神風」，外加早就擁有的左輔正軍師，被一些研究者簡稱為「三師一主」。

在這「三師一主」中，左輔正軍師是官職，「禾乃」不過是當時南中國社團文化中司空見慣的「拆字法」。洪秀全族弟洪仁玕一八五三年逃到香港後曾說，洪秀全等策動起義時編過「三八廿一、禾乃玉食、人坐一土，作爾民極」的隱語。這四句話前三句分別是洪、秀、全三個字的分拆，放在一起就是暗示「洪秀全要當天王」。可見早期這個「禾乃」是洪秀全而非楊秀清的「專利」，但兩人名字中都有一個「秀」字，後來洪秀全將「禾乃」轉讓給楊秀清，自己轉稱「禾王」。雖然天王的「神聖屬性」並未因這次專稱轉讓而降低，但楊秀清的身價無疑因此又提高了。「勸慰師聖神風」是太平天國癸好三年十一月廿日楊秀清借「天父下凡」杖責「兒子」洪秀全，兩天後又以「賢臣賢弟」的身分登殿勸慰安撫，洪秀全「感動」之餘，借《新約全書》典故賞賜給楊秀清的新稱號。

這兩個稱號在宗教界和國際間引發了軒然大波，尤其當一八五四年麥華陀、小包令和太平天國高層進行了「三十問五十答」的書面交鋒並公之於世後，更讓一度普遍將太平天國當作「基督教運動」加以同情的西方傳教士、媒體紛紛「粉轉黑」，艾約瑟[26]、丁韙良等有影響的英美傳教士更直斥楊秀清「僭越」、「魔鬼附體」。楊秀清死訊傳出後，丁韙良曾公開表示慶倖，認為儘管這將令洪秀全和太平天國遭遇一時困難，卻有助於他們在宗教上「回到正道」。在太平天國辛酉十一年（西元一八六一年，清咸豐十一年）艾約瑟第三次赴天京，並和洪秀全進行不見面宗教辯論不歡而散前，許多傳教士仍一廂情願地認為，上帝教的「離經叛道」主要是楊秀清個人出於野心的篡改，和「對教義認識不足」所致，其主要論據，恰是楊秀清得意洋洋地占用、炫耀「勸慰師聖神風」六個字。

原來在晚清基督教漢語語彙中，這六個字是神聖的。

「勸慰師」又稱「保惠師」，在當時馬禮遜[27]、郭士立[28]譯本《聖經》中是專指耶穌的。《新約．約翰福音》十四章二十六節中說「保惠師就是父因我

---

25 丁韙良（W. A. P. Martin），京師大學堂首任總教習，對中國晚清「西學」有深厚影響的名人。
26 艾約瑟（Joseph Edkins），英國倫敦宣道會教士，第一部漢語官話《新舊約全書》主要譯者之一。
27 馬禮遜（Robert Morrison），蘇格蘭新教傳教士，首本全譯本《新舊約全書》譯者。
28 郭士立（Karl Friedrich August Gützlaff），普魯士傳教士。

的名所要差來的聖靈，他要將一切的事指教你們」，十五章二十六節則說「但我要……差勸慰師來……他來了就要為我作見證」。而「聖神風」則是「聖靈」的譯法，在當時最流行的馬禮遜版《聖經》和許多中文傳教讀物中屢見不鮮。也就是說，「勸慰師」是專指基督，而「聖神風」則是基督教「核心價值觀」——三一神的第三個位格，楊秀清自稱「勸慰師聖神風」，而「贖病主」的「代天贖病」又很容易讓基督教徒一下就聯想到耶穌的「十字架救贖」，簡直是僭越得是可忍孰不可忍了。

然而從留下的《天父下凡詔書》、《天父聖旨》等看，楊秀清對上帝教的理論既不精通，也不感興趣，恐怕並不真正領會「三師一主」的微言大義。既然「無知」，也談不上有意冒犯，成心「僭越」的毋寧說是洪秀全本人，因為他所接觸的第一本基督教讀物——梁發的《勸世良言》裡，就把「聖神風」的含義解釋得清清楚楚，而太平天國癸好三年（西元一八五三年，清咸豐三年）起陸續出版的《新遺詔聖書》（《新約》），正是馬禮遜本。

無論如何，楊秀清的死讓一切都變得傾斜了。

首先，如前所述，太平天國的實際軍政事務是掌握在楊秀清而非洪秀全手中的。在一八五六年之前，隸屬於「朝內」即本應對洪秀全負責的朝官體系，實際上成為一種「職稱體系」。本應擔負各部職能的天、地、春、夏、秋、冬六官丞相，和本應執掌軍權的三十六個檢點、七十二名指揮，實際上都被楊秀清「抓差」，去從事五花八門的工作，他們原本的「部委行政職能」，卻由東殿系統的吏、戶、禮、兵、刑、工六部尚書行使，由直屬楊秀清的「東殿體系」人員充實，且機構健全，功能完善，而隸屬於天王的朝官體系卻支離破碎，機構寥寥，責權不明。天京事變不僅殺死了楊秀清，也摧毀了整個東殿體系，這等於讓太平天國自毀了心臟，出現巨大權力真空。

其次，「三師一主」和「天父下凡」固然讓洪秀全感到難堪，但同時也是太平天國和洪秀全本人合法性、神聖性的最堅實基礎，如果不承認楊秀清是「代天父傳言」，不承認他說過的那些「天父傳言」是真實的，則太平天國和洪秀全的地位就只能是虛假的（至少是可疑的）。相反，倘若楊秀清「代天父傳言」仍然真實可靠，那麼為什麼要殺死他？他這個充滿「天父」神性的煊赫人物，又如何會被這樣輕易地殺死，「無所不知、無所不能、無所不在」的「天父上主皇上帝」，此時此刻又在哪裡？

死者已矣，仍然活著的天京事變主角們，此刻只能硬著頭皮一步步走下去，因為他們實在也顧不得太多了。

血雨腥風

由於清方記載頗多猜測，所謂「中立」的三篇外國人報導又都出自肯能這同一個信口開河者的來源，因此天京事變發生後幾天內，天京城內究竟發生了什麼，如今已不得而知。有些記載稱「天京城內巷戰月餘」，一方為楊秀清愛將傅學賢，另一方為北王韋昌輝部屬。從德興阿等人奏報看，這個記載似乎不能成立。因為當時已是火器時代，城內如此規模的混戰，近在觀音門的清軍不可能充耳不聞槍炮聲，且水上浮屍「結連捆縛」，顯然是被處死的而非戰死的。同樣，洪秀全杖責韋昌輝招東殿餘眾「聚觀」，韋昌輝趁機發動大屠殺的說法固然精彩，恐怕也未必能成立。因為洪秀全是不會輕易讓這麼多危險的「閒雜人等」，進入他視為禁臠的「金龍城」。

不過有記載稱，洪秀全主張少殺，稱「上帝有好生之德」，還對韋昌輝說「爾我非東王不得至此」，這很可能是洪秀全的心裡話——活著的楊秀清固然令他難堪，一旦死去，他卻也會覺得悵然若失，甚至不知所措。先後隸屬於韋昌輝、石達開，當時近在金壇、丹陽一帶的李秀成，回憶說原本的密謀就只打算殺死楊秀清、楊輔清、楊元清三人，也可作為旁證。

然而此時恐怖的車輪業已高速轉動，洪秀全縱然想踩急煞車，這輛順坡疾馳而下的失控之車，也是沒辦法一下子停下了。

長期受楊秀清欺淩、壓制的韋昌輝一旦掀翻楊秀清這座大山，便突然激發出瘋狂和野心，他不僅借「剷除東黨」的口實大肆誅除異己，還竭盡全力地去填補因楊秀清消失而「留白」的政治權力真空，從而令洪秀全很快感到芒刺在背。

此時洪秀全只能指望另一個同盟者石達開的制衡作用。不論石達開是否參與過誅殺楊秀清的密謀，他對於洪秀全的處境都是同情的。誅楊期間，他一直在湖北、江西和安徽前線與清軍作戰，雙手並沒有沾自己人的血。在得知韋昌輝大開殺戒後，他於太平天國丙辰六年八月廿日（西元一八五六年九月二十六日，清咸豐六年八月廿八日）只帶了曾錦謙、張遂謀兩人匆忙趕回天京勸阻，顯然他是希望通過自己的努力，讓事件回歸到「只殺楊秀清兄弟三人」的可控軌道中。

很顯然，洪秀全甚至秦日綱、陳承鎔，都會贊成石達開的意見，但韋昌輝卻不可能贊成：雖然真正的「主謀」是洪秀全，但跳到前臺的是他韋昌輝，如果不能趁勢獨攬大權，自己就隨時可能成為被拋出為事件後果負責的犧牲品，這個道理他是懂的；更何況，恐怕這時在他看來，也的確是成為「第二個楊秀清」的大好機會吧。

就這樣，韋昌輝向「和事老」石達開悄無聲息地伸出了屠刀。得到風聲的石達開倉促間只能帶著曾錦謙、張遂謀縋城逃走，但全家卻都死於韋昌輝刀下。

此時據目擊者稱，太平天國以天王名義發布針對石達開的通緝令，上寫有能抓捕者封丞相，賞金兩千兩，這恐怕是韋昌輝假借洪秀全名義所發。因為後者當然不希望韋昌輝一家獨大，且在當時情況下，也不可能越過飛揚跋扈的韋昌輝去發布什麼詔令。

韋昌輝讓秦日綱帶兵追趕石達開，所帶的兵，似乎仍是原本在句容縣境閉門「靜坐」的陳玉成、李秀成、陳仕章、涂振興、周勝富部。不過，秦日綱只追到安徽境內的西梁山就停下腳步，一面和石達開暗中通信，一面轉而進攻清軍控制的城池。

秦日綱是個頭腦簡單的人。他是貴縣人，與石達開既是同鄉且早有交情，與韋昌輝反倒沒什麼深交。他參與誅楊，一方面出於對楊秀清的恐懼、怨恨，另一方面也是忠誠於洪秀全、惟天王之命是從所致。在整個事件中他態度的變化，恰是洪秀全態度變化的晴雨錶：楊秀清被殺時他一馬當先，表明當時洪對誅楊是積極的；而在追擊石達開時他卻心猿意馬，淺嘗輒止，既不窮追到底也不回天京向韋昌輝覆命，表明此時在洪秀全的心目中，對自己最大的威脅已不是被懸賞緝拿的石達開，而是天京城南中正街北王府內的韋昌輝。

當然，韋昌輝此時也因樹敵過多、集謗於一身而自感芒刺在背，他不敢出天京城去追殺石達開，而是小心翼翼地提防著來自一切可能方向的暗算——當然，也包括洪秀全。

這時逃到安慶的石達開已打起「靖難」的旗號，把天京事變的責任全部推在韋昌輝、秦日綱、陳承鎔三人身上，並喊出「為東王復仇」口號，成功地將流離失所、不知所從的東殿部眾集中在自己麾下。不管他本人是否曾參與過誅楊密議，此刻的立場都顯得無可挑剔，而回避指責洪秀全，又為下一步留足了想像的空間。

心領神會的洪秀全很快就開始同石達開頻繁祕密信使往來，並暗中疏通、聯絡其他在京官員，讓他們站到自己而非韋昌輝一邊。

這個工作進行得異常順利，道理很簡單，首先，「君臣名分」本就是洪秀全最得力的武器之一；其次，韋昌輝徒有昔日楊秀清的做派，卻既無其積累的威望，也無其讓人既敬且畏的能力，更不具備楊秀清的「神權」和龐大人事網，誅楊時的大小幫手，絕大多數意在「勤王」即效忠洪秀全，同時發洩對楊的不滿，如今見「北虐」更甚於「東虐」，而天王態度又變，他們焉有不跟著變之理？

由於寧國府被圍，率軍東下「靖難」的石達開暫且轉而對付圍城的清軍，放緩了討伐韋昌輝的節奏。但或許這種「引而不發躍如也」的姿態，反倒令韋昌輝感到更加坐立不安，他更加瘋狂地向一切威脅開戰。而各種各樣對他不利的謠言，卻偏偏在天京城內外、在太平軍中不脛而走，越傳越多。

他不是傻子，當然會很快懷疑，這些謠言很可能恰是受天王府慫恿甚至就是天王府所炮製的，這不免讓他既惱怒又恐懼。

太平天國丙辰六年九月廿七日（西元一八五六年十一月四日，清咸豐六年十月七日），韋昌輝聽到流言蜚語，說石達開已潛入天王府，和洪秀全密謀，便急忙帶兵包圍天王府「要人」，見對方不予理睬便下令攻城。守衛天王府的女官殊死抵抗，雙方相持半日，天王府外牆「太陽城」上，忽然飄揚起石達開黃心藍邊的旗幟[29]，韋昌輝誤以為石達開果然與洪秀全合謀，且已潛入天王府督戰，大驚失色。其麾下兵將既，怕天王治罪，又一向敬畏石達開的善戰，在對方喊殺聲中便一哄而散。

事實上，此時天王府內仍只有女官，充其量還有少數同情天王的朝官及其部眾，而石達開要到四天後才南渡長江，取道池州、青陽、太平入涇縣，再度發動「靖難」之役。這些翼王的旗幟顯然是洪秀全偷偷準備用以出奇制勝的，當然，這也表明他和石達開間確實建立起某種默契。

韋昌輝兵敗的消息不脛而走，洪秀全又下詔緝拿，天京城裡原本敢怒不敢言的文武將官紛紛加入了搜捕行列，眾叛親離的韋昌輝更換裝束，試圖混出城去，卻在街柵被巡邏兵抓獲殺死。他的肢體被切成兩寸見方的小塊，掛在城內各處木柵示眾，旁邊豎起木牌——北奸肉，只許看，不許取。其頭顱則被裝入木匣，送往石達開軍前。洪秀全下詔，招石達開入京輔政。

然而石達開得到韋昌輝已死的消息，卻停在寧國，以「解圍」為藉口按兵不動，遲遲不肯入京輔政。

很顯然，接二連三發生的變故，已讓這位年輕的太平天國名將心生忌憚，由於楊秀清、韋昌輝的前車之鑒，他不敢貿然進京，而寧願待在遍布翼殿部眾、進退自如的安徽。

29　洪秀全旗幟為純黃色，楊秀清、蕭朝貴、馮雲山、韋昌輝、石達開都為黃心鑲邊旗幟，分別鑲綠、白、紅、黑、藍邊。

洪秀全很快意識到，自己必須表現出更多「不疑」的誠意，才能安撫失去大部分親人且對自己已有防範之心的石達開。太平天國丙辰六年十月廿二日（西元一八五六年十一月二十八日，清咸豐六年十一月初一日），秦日綱、陳承鎔被洪秀全處決，而在此之前，原由秦日綱指揮的陳玉成等部，已參加了石達開指揮的寧國之戰。

洪秀全的這一招暫時打消了石達開的疑慮，就在此前後，他在滿朝文武的歡呼聲中進入天京，接受了「聖神電通軍主將」的新職位，成為太平天國新的輔政首腦。

近八年後在囚籠中寫供詞的李秀成，在回憶到這件往事時用了「合朝歡悅」四個字。當時許多中立人士也認為，洪秀全和石達開是這場持續數月血腥變故的「贏家」，他們倘能和衷共濟，太平天國未必不能因禍得福，整個中國內戰的走勢依然未見定數。

從一八五六年九月二日楊秀清被殺，至十一月二十八日秦日綱、陳承鎔被處死，天京城裡的血汩汩流淌了兩個月零二十六天，一度達到「江為之赤」的地步，而且，血還在流，一切並非真的結束了。

此時此刻最幸運的，或許是在天京事變前夕病故於祖籍江西臨江、在太平天國首腦核心中忝列最後一位的護天豫胡以晄——戎馬倥傯的亂世，居然能葉落歸根，葬於祖先生息繁衍之地，本就是格外的幸事，且無巧不巧的逝世時間，又讓他只聽聞「天兵」掃蕩「天京城外殘妖」的捷報，而未目睹手足喋血、骨肉相殘的悲慘一幕。

胡以晄死得其所，死得其時，而此時此刻仍然活著的人卻仍要努力走完一八五六年剩下的路。

第十回　樂觀且急躁的咸豐

有情無報

平心而論，在太平天國起事後，清方在情報工作方面是很不得力的。

金田起義之初，北京的皇帝、軍機處也好，廣州的兩廣總督、桂林的廣西巡撫和提督也罷，都把所謂的「會匪滋擾」（主要是天地會各堂口的起事）和「來土爭鬥」[30]當成最危險的事，並從湖南、四川、貴州、雲南調遣綠營兵赴廣西助戰，派林則徐、李星沅、周天爵、向榮等有能力的文武官員主持此項事宜。但如此大的陣仗卻屢屢與周密準備「打江山」數年之久的金田起事者擦肩而過，視若無睹。等到終於驚覺這才是最大威脅時，對方卻已成燎原之勢，再難撲滅。

要進行平撫，關鍵是捕捉住帶頭人；要捕捉這個人，首先要弄清他是誰，什麼來歷。可在這方面清廷君臣也是一塌糊塗：太平無國起事一年多，他們還弄不清「大頭目」究竟是韋正（韋昌輝）、馮雲山、洪秀全還是胡以晄，好不容易知道「大頭目」姓洪名秀全，卻始終弄不清他原本姓什麼，有說姓朱的，有說姓鄭的，還有說姓焦的，就是沒幾個說他其實原本就姓洪的。有些情報明明是準確的，但清朝官員也莫辨虛實，比如咸豐元年（西元一八五一年，太平天國辛開元年）十一月，清廣東花縣知縣牟崇齡向兩廣總督徐廣縉報告，說自己查明洪秀全是廣東花縣人，祖墳就在花縣。這個情報本來是對的，可接下來呢？這位縣太爺率領縣吏去刨洪秀全祖墳，抓捕洪氏族人，宣稱捕獲洪秀全親父洪國游。而實際上洪國游是洪秀全的祖父而非父親，且不論是其祖父洪國游還是其生父洪鏡揚，此時他們都已去世（洪鏡揚死於道光廿八年底，即西元一八四八年年底至一八四九年年初之間），牟崇齡又何從「捕獲」？

向榮恐怕是一八五六年之前和太平天國打交道最久的一位清朝高級官員。可這位從廣西一路追到天京的欽差大臣，直到咸豐三年（西元一八五三年，太

30 廣西土著稱「土人」，從廣東等地遷徙到廣西的客家人稱「來人」。他們在道光卅年至咸豐元年，即一八五〇～一八五一年間曾爆發大規模械鬥，戰敗後的來人大批投入當時已開始團營、主要領袖幾乎都是「來人」的太平天國。

平天國癸好三年）四月還信誓旦旦地上奏咸豐皇帝，說「實無其人」、「或云已故」，是刻了個木偶充數；一八五四年夏，他又硬著頭皮報告說「似有其人」。在當時頗有學問之名、曾追隨欽差大臣賽尚阿幕府、以善於製造火炮火藥名噪一時的山東人丁守存，則直到一八五六年還堅信洪秀全就是一八五二年（太平天國壬子二年，清咸豐二年）在永安州外被清軍抓獲、後被送往北京處死的「洪大全」。[31]

後來成就「中興大業」的曾國藩非常重視情報工作，不僅隨時隨地搜集太平天國資訊，還專門成立了以六品銜湖北即補府經歷縣丞、甘泉（江寧府附郭縣）人張德堅為首的情報匯總班底，「月支取銀四十兩」，編纂出一套前文提到的用於分析「敵情」的「情報總集」——《賊情匯纂》。這部情報總集對當時湘軍和其他清軍將帥而言，據說發揮了「開卷了然」的積極作用，至少不會犯類似向榮把「兩司馬」當作重要首領，在長江裡撈到一面「兩司馬黃旗」會興奮地上奏皇帝報捷這樣的笑話。但這部《賊情匯纂》充其量也就只能算作「掃盲級」的情報資料，普及太平天國的一般情況尚勉強勝任，但作為軍事將帥的戰爭指導書，就顯得錯誤百出、荒唐可笑了。別的不說，照該書咸豐四年（西元一八五四年，太平天國甲寅四年）的說法，「偽左軍主將翼王石達開」是個「銅臭小兒，毫無知識」，「奉洪楊韋三賊如神明」的既膽小、又無能的窩囊廢，之所以被「屢委以軍事」，是因為對楊秀清盲信盲從。這樣的「情報」出爐後不到一年，張德堅的雇主曾國藩就被「毫無知識」的石達開打得兩次跳河自殺，後來更被包圍在南昌城裡一籌莫展。這位盡心盡力的「情報局主管」後來一直沒能獲得升遷，其煞費苦心維持的編纂班子，在江西期間也被解散，此後再未恢復過。很顯然，對湘軍的情報工作，曾國藩是不滿意的——儘管相較友軍，他們已算做得不錯的了。

天京事變時也一樣，如前文所述，城內發生如此重大事件，城外卻過了近一個月才知道個大概。德興阿的那封最早奏報究竟發出於何日，目前已不得知，但奏報內容中提及的、開始知道「城裡出事」的日期，是咸豐六年八月廿五（西元一八五六年九月二十三日，太平天國丙辰六年八月十七日）；九月初六日，浙江巡撫何桂清奏稱「八月中旬後」開始探明，城中首領於咸豐六年七月廿二日（西元一八五六年八月二十二日，太平天國丙辰六年七月十六日）開始「閉城自相戕害」，楊秀清及其屬官被殺，「初聞之未敢深信，半月以來又接各營探報，皆稱確有是事」。奕訢是咸豐六年九月十三日、十六日分別接到德興阿、何桂清奏報的。九月十三日當天，他下達上諭給兩江總督怡良，要求進一步「確

31 實為湖南興寧天地會招軍堂首領焦亮。焦亮實有其人，丁守存認定焦亮身分並無問題，問題在於他為了向「老闆」賽尚阿邀功，執拗地認為焦亮就是洪秀全，而一路打到天京的洪秀全是「真洪秀全」被抓後冒名頂替的傀儡。

探」，如果屬實，「正可乘此機會設法進兵」。十六日，他進一步催問怡良偵探情況並稱「倘有機會可乘時不可失」。九月廿四日，怡良等彙報了天京事變的進一步情報，並對下一步行動方案提出了一些建議，十月初三日奕詝作出答覆。此後，奕詝又相繼向江南和春、江西曾國藩、湖北官文和胡林翼等發布指示，稱雖探報情形不一，而其內亂當屬可信，要求各路清軍「乘其內亂，次第削平，兵餉可不加增，而成功庶幾有望」。

咸豐皇帝愛新覺羅·奕詝。

君臣異心

很顯然，清方情報工作雖然不盡如人意，但到了一八五六年秋，也基本弄清了天京事變的脈絡。皇帝也好，前方封疆大吏和將帥也罷，都認為「機不可失」，相信此時此刻太平天國已陷入混亂和危機，正是逆轉戰局、一舉成功的好機會。和日後表功著作裡吹噓的「算無遺策」不同，在一八五六年後半年起的一段時間內，這種樂觀情緒是普遍的，咸豐、官文、何桂清等自不必說，就連向稱穩重的曾國藩，也曾私下流露出類似情緒。

但在談論具體戰法時，雙方的反差就顯得十分明顯了。

皇帝此刻的想法，是趁熱打鐵，速戰速決，儘快把惱人的太平天國消滅。為此他首先調整天京附近各戰區的指揮體系，讓曾長期擔任向榮副手的和春南下，接掌丹陽一路清軍主力（也就是原江南大營殘部主力），讓德興阿接掌原江北大營指揮權，並同意怡良從上海租界設法購買外國火輪船入江助戰的計畫，首先出其不意，奪取太平軍設在金山的炮臺，截斷江南鎮江和江北瓜洲兩地間聯繫，然後再設法各個擊破，奪取瓜洲、鎮江。接下來，德興阿部應堵住江北，怡良駐軍常州，防遏太平軍向京畿或江浙財賦區「旁竄」，和春部則先設法攻下天京城周邊成掎角之勢的兩座要塞——句容、溧水縣城，再從容圍攻天京。

至於其餘戰場，他希望各地督撫、將帥能「各掃門前雪」，自行了結本轄區內的太平軍生存環境。當時除了天京及其周圍句、溧、瓜、鎮，牽扯原江南大營、江北大營及兩江、閩浙兩總督，江蘇、浙江、安徽三巡撫的注意力，戰區主要集中在湖北、江西、安徽三地。

對於湖北戰區，他嚴詞斥責官文、胡林翼謊報戰果，卻「於進攻機宜仍復漫無把握」，要求兩人「身膺督師重任，須當統籌大局，謀勇兼施」，而不能以城堅敵悍為詞，「坐擁水陸重病日久無功」。對於官、胡「斷絕接濟以困之」的方略，奕詝顯得十分不耐煩，斥責為「不過藉口耽延，掩其遷延之咎」，並質問既然這個方略如此巧妙，何以「為時已久尚未蕆功」。他所希望的，是湖北諸軍「設法進攻，迅將兩城克復」，然後「分兵東下」參與對天京的圍攻，認為唯有如此，「大局」才能有所轉機，否則就可能師老力疲，別生變故。

對於江西戰區，他要求曾國藩和江西巡撫文俊乘此敵心渙散之時，「趕緊克復數城，使該逆退無所歸，自不難窮蹙就擒」，並對曾國藩在石達開大軍東進後「江西失陷各郡尚無一處克復」甚為不滿。他還「風聞」石達開可能「投誠」，指示曾國藩預先考慮「處置之法」。

對於安徽戰區，他最關注的是太平軍盤踞最久的巢湖、無為等地，這些地方盛產糧食，是天京軍需後勤的主要來源。一八五六年秋、冬，他一再嚴諭安徽巡撫福濟、幫辦安徽軍務提督銜壽春鎮總兵鄭魁士加緊進攻，「激勵諸軍直搗江寧、復省垣（安慶）」而擒敵首，並抽調兩千援軍增援進攻安慶、太湖、潛山等地的清福建提督秦定三部。

不難看出，咸豐帝的戰略，仍然是圍繞著天京周圍打轉，且將最大希望寄託在自己所信賴的將帥身上，尤其是和春、德興阿、怡良等旗籍大臣——不僅天京周邊各路將帥、疆臣幾乎清一色旗人，他甚至寧可從江北調旗人和春去丹陽接掌向榮留下的兵權，也不願就近提拔更勝任的張國梁或資歷更合適的余萬清兩位漢人將帥。

對周邊戰區，他表現出「既要馬兒跑，又要馬兒不吃草」的矛盾態度，不停指責將帥們推諉、拖沓，將各種持久戰、封鎖戰和圍點打援、先周邊後中間的戰法一概指責為「藉口耽延」，要求他們早日攻打核心城市，並最好能在完成本戰區攻略後加入天京圍攻戰中。為此，在天京城周邊他不斷要求進攻句容、溧水、瓜洲、鎮江，在湖北催促攻打武昌，在江西要曾國藩盡快攻下幾座城池，在安徽則索性將原本就不厚實的兵力分成兩股，由彼此不睦的鄭魁士、秦定三分別率領，去攻打太平軍占領已久的皖北腹地。

之所以如此急躁，正如他本人所一再強調的，清朝財政出現嚴重危機，「餉糈日缺，調撥維艱」，他當然希望在「兵餉可不加增」的前提下早日「成功庶幾有望」了。

然而各路將帥督撫卻不能不考慮現實情況。對皇帝接二連三的上諭，他們一方面用「算無遺策」、「曷勝欽服」之類諛辭搪塞敷衍，一方面絞盡腦汁避重就輕，將自己的想法偷換「欽定」的「廟算堂謀」，好使肩上的壓力稍稍輕一些。

先說江西，善寫文章的曾國藩用大段文字渲染自己的部署、進兵，強調自己的確在遵照皇帝指示，「設法克復數城」，並具體強調吉安、袁州兩路「大有振興之機」，給皇帝先吃一顆定心丸。至於招撫石達開，和對方打了好幾年交道的曾國藩自然不會像奕訢那樣容易激動，他先是介紹了自己所瞭解的石達開情況[32]，然後提出自己的分析，認為石達開和韋昌輝勢必火拼，石達開只有火拼失敗才有可能「投誠」，倘如此，則必須先交出安慶、九江、瑞州、臨江、吉安、撫州六座要塞中「一、二座」以示誠意，才能相信和接受，「不敢貪招撫之虛名，馳防剿之實務」。很顯然，曾國藩態度務實、穩重，且說話留有餘地（比如袁州實際上已經收復，但他只是一筆帶過），既提出了自己認為最好的方略，又不掃皇帝的興，還為可能的受挫留下了伏筆。對這樣的「軟釘子」咸豐雖然不滿，卻也只好吐出一句「好為之」後聽之任之。

再說湖北，官文和曾國藩兄弟關係緊張，但和善於搞人際關係的胡林翼卻相得益彰，兩人不斷以城堅敵悍、「港汊紛岐」等「客觀困難」為由，搪塞推託皇帝「速戰速決」、儘快對武漢三鎮發起總攻的要求。老謀深算的胡林翼讓母親認官文之妾為義女，通過次要方面的「低姿態」換取本就惰於軍政事務的官文對自己「放手讓權」，堅持先斷接濟、圍點打援的「笨辦法」。不僅如此，他們還抓住皇帝怕花錢怕調兵增援的心理，不時要求增調「吉林、黑龍江索倫馬隊（鄂倫春騎兵）」——你不是要決戰嗎？兵總得給我補足了吧，否則還是照我說的辦吧。

安徽的疆吏將帥也是如法炮製。接到奕訢要求分兵增援秦定三的上諭，福濟、鄭魁士視若無睹，一面上奏大談困難，甚至聲稱就算攻克一兩座太平軍占領的城市也於事無補，一面提出自己心目中的「最佳方案」——「裕餉增兵」，也就是多給錢，以便安徽省增募更多兵勇投入前線，如果皇帝硬要速戰速決，立竿見影，那麼就請從外省增援吧。咸豐六年十月初一日（西元一八五六年十月二十九日，太平天國丙辰六年九月廿三日），福濟、鄭魁士在上奏中獅子大張口，要求皇帝迅速調撥青州駐防八旗五百、綠營山東兗州鎮營兵五百、直隸兵一千、察哈爾蒙古馬隊一千「星速來巢（巢湖）」，聽候調遣；除此以外，駐紮蕪湖一帶、受和春節制的紅單船水師吳全美部也要「准臣等隨時調遣」。對這種「以攻為守」、反將一軍式的要脅，奕訢也只能睜一眼閉一眼：援兵不

32 比奕訢精確但仍然有不少偏差，如奕訢以為石達開是「湖南拔貢」，而曾國藩說石是廣西潯州府桂平縣大梭村人，至少省、府無誤。

能不派，又捨不得多派（實話說也派不起），撤胡椒麵般派去數百人敷衍，對方正好藉口「要求未滿足」而繼續消極怠戰。

平心而論，上游幾大戰區或太平軍經營很久、根基深厚的鞏固區，或是天京事變前太平軍戰果輝煌的地區，天京事變對這些地區的影響，相對天京戰區要小得多。而奕訢的樂觀情緒和速勝方案，是建立在「石達開和洪秀全鬧翻」，「因此兩人會互不救應甚至互相拆臺」的假定前提上的。但這個前提甚至在天京事變過程中也並非都成立，如石達開從天京逃出後起兵「靖難」，中途會轉救寧國，原本由秦日綱節制的陳玉成、李秀成等部進入皖南後，卻服從石達開調遣參加了寧國會戰，其中一部分後來又分赴蘇南、皖北增援等。既然整個一八五六年裡，石達開都打著洪秀全的旗號，而洪秀全也樂於見到這樣的局面，清方速勝的前景除了在個別要點（如武昌，守城的是韋昌輝親弟弟、國宗提掌軍務韋俊，韋昌輝死後自然心中不安，而這裡又是離太平天國中心區域最遠的據點）尚有希望外，在大多數郡縣的確前景黯淡。曾國藩、胡林翼、官文、福濟、鄭魁士等分屬不同派系，卻不約而同主張持重，自然是有一定道理的。

甚至奕訢寄託最大希望、投入最多血本的天京戰場，將帥們也同樣在和皇帝打「太極拳」。怡良、和春、德興阿甚至張國梁等拋出所謂「若徑搗金陵，恐該逆急則復合」的藉口，提出「佯為不知」的「方略」（說白了就是「說不打天京就不打天京」），轉而「從長計議」，攻打句容、溧水、瓜洲、鎮江四處，「先剪枝葉以杜內犯」（先掃除周邊據點，這樣太平軍就不會北上攻打北京，或去江浙財賦區搗亂了，陛下不是最擔心這個嗎）。至於天京，則「選派精細間諜」設法混進去「離間、散其黨夥」，慢慢搞「看不見的戰線」吧——至於啥時候能有成果，那可說不好，「俟有的實資訊再行隨機辦理」吧。

就算明知是糊弄敷衍，既拿不出更多錢也拿不出更多援兵的咸豐皇帝也只能咬牙忍著，硬著頭皮稱各路將帥「所見甚合機宜」，畢竟當前局面，也還得靠他們去支撐下去。當然，他仍忘不了不時發一道上諭，強調一下「朕」對「聯絡一氣、迅奏膚功」的「不勝盼望」，要求和春等人「如有可乘之機即行馳奏」。

從旁觀者、後來人的角度看，天京事變後咸豐帝的樂觀、急躁顯得有些莫名其妙：畢竟，在事變之前，整個戰局是己方一敗塗地、對方高歌猛進的被動態勢；即便事變之後，對方攻勢有所頓挫，己方實力卻幾乎沒有明顯加強，他一個遠在千里之外的皇帝，又憑什麼自己相信己方「勝利在望」，且逼著面面相覷的各路疆吏、將帥們去為自己圓這個夢呢？

第十一回　神與人

輔政人臣

太平天國丙辰六年（西元一八五六年，清咸豐六年）十月，天京事變的血終於流到了盡頭——「天朝」可以清算的最後兩名「罪魁禍首」頂天燕秦日綱、佐天侯兼朝綱領袖陳承鎔，均被洪秀全下詔處死；翼王石達開以勝利者的姿態重返天京，被洪秀全委以輔政之任，「合朝歡悅」。

《中國之友》一八五七年一月三十日發表的一篇文章，轉述了一位外國目擊者所描繪的石達開輔政時的理事程式。

照這篇文章的說法，「此時」石達開的權柄僅次於洪秀全，太平天國內外文武百官的一應事務，都需向翼殿行文稟明，第二天翼殿會在翼王府（一八五六年時位於天京城內西南王府巷內，即原清代上江考棚一代）外牆上貼出批答。

這裡所記述的，顯然是一八五六年秋冬時的情形，「翼王府批答」是怎樣的光景，並沒有文字材料保存下來，不過類似的王爵處理政務「批答」今天還能看見幾件。其中一件是太平天國壬戌十二年九月十五日（西元一八六二年十月二十七日，清同治元年九月初五日），忠王李秀成在蘇州批覆長洲撫天侯徐少蘧時所發的「忠王瑞批」；另一件則是太平天國癸開十三年十月初六日（西元一八六三年十一月十八日，清同治二年十月初八日），常州護王陳坤書批覆其侄子、統領護殿前一隊理天義陳士桂時所發的「護王寶批」。這兩份王爵批答都作王爵本人的口氣，如在「忠王瑞批」中，按照太平天國「誰官大誰是兄長」的規矩稱呼實際上年長的徐少蘧為「弟」，並自稱為「兄」；而「護王寶批」則更直呼在護殿屬官中地位並不低的陳士桂為「侄」，要他「仍遵照前諭」。但實際上這兩份批答的執筆者都非王爵本人，也不使用王爵的印信，如「忠王瑞批」上蓋著「天父天兄天王太平天國開朝勳臣佀天安兼忠殿吏部左編修董敖佀」的官印；而「護王寶批」上的印文已不清晰，可辨認的文字表明，執筆、蓋印者為某天安、護殿兵部尚書某某松。這表明對日常事務性質報告的王府批覆，是王府六部屬官以王爵本人口氣代擬代答的，具體到一八五六年時的太平天國，則應該是由翼殿六部的尚書、左右編修等屬官來承擔這些任務，並以吏、戶、禮、兵、刑、工的傳統分工分門別類各自辦理，照《太平禮制》，石達開的批答應被稱作「翼王金批」。如果下屬的稟報係重大、特殊事項，則會改由石達開本人單獨發布「諄諭」作出指示。這種「諄諭」鈐蓋石達開本人官印，並代表其本人意志。

很顯然，這種工作方式和行政體系，與楊秀清主持朝政時是相似的，即第一，大事小情無一不報，是否上奏洪秀全則由主政／輔政者自己定奪，而除非主政／輔政者上呈或自呈，洪秀全本人不批閱討論具體政務的奏章；第二，一般性事務由王府六部及其屬官承擔，重大事務由主政／輔政王爵親自批示，特別重大事務則請求洪秀全「旨准」。楊秀清目不識丁，所發出的「誥諭」都是自己口述、由被稱作「先生」的書手筆錄；石達開「家富讀書、文武備足」（李秀成語），文化程度比較高，所發的「諄諭」很可能出自本人手筆。

然而和經常一天發出三十多篇「誥諭」和無數「金批」的楊秀清相比，一八五六年秋冬在天京城裡輔政的石達開，工作似乎要清閒得多。

太平天國癸好三年、甲寅四年（西元一八五三～一八五四年，清咸豐三～四年）期間，一些親清廷的文人曾有機會在東王府內出任「先生」，所記述的楊秀清工作情況很多。照這些記錄，東王府屬官的編制是很充實的，六部尚書每部多達六人，尚書以下屬官更不計其數。

除此之外，由於楊秀清實際上是一八五三〜一八五六年天京事變前整個太平天國的軍政中樞，理應對洪秀全負責的「侯相」，實際上也圍繞著楊秀清服務，如天官正丞相照理應該是中央吏部最高首腦，但曾任這一職務的曾水源卻在東王府當行政祕書；中央刑部本應由秋官丞相負責，夏官丞相應該負責管理中央兵部，但楊秀清卻在甲寅四年指派夏官正丞相黃玉琨負責天朝的「刑名」，黃玉琨封侯爵後也繼續負責刑事案件，直到因秉公斷案被楊秀清處罰，憤而自殺未遂被革爵，才由另一位侯爵——佐天侯陳承鎔接替；冬官丞相理應負責中央工部，主管營造等項事務，但擔任過冬官正丞相的羅大綱、擔任過冬官又正丞相的陳玉成卻都是遠征在外的一方將領，幾乎一天都沒從事過建築業這項「本職工作」……在一八五六年天京事變前已知姓名、官銜的全部太平天國六官正、又正、副、又副丞相中，真正「做回本行」的，似乎只有自金田起義前就從事木匠工作、到天京後仍在做木匠的冬官正丞相賓福壽，但他之所以情況如此，似乎僅僅因為是太平天國木營的總負責人，和冬官頭銜含義吻合，似乎反倒只是一種巧合。事實上，在楊秀清主政期間，太平天國中樞根本就沒有正式設立六部，正因如此，張德堅才感慨本應負責官員任免、銓敘的天官丞相徒有虛名。

與之相比，石達開的翼殿六部似乎一直是每部各一名尚書，一共六人。這不僅遠不如楊秀清生前二十四人的排場，也比不上在他之後封王、總理朝政的洪秀全族弟干王洪仁玕。按照當時住在他府中的羅孝全回憶，洪仁玕的六部

「地位甚為卑下」，但吏部尚書卻不止一人。不僅如此，也沒有什麼記載顯示，一八五六年秋冬石達開輔政期間，他可以調動本屬朝官系統的「侯、相」作為自己的幕僚班底。

然而就這樣一個大大「縮水」了的中央行政班底，卻似乎足以勝任以前楊秀清六倍（甚至更多）編制班底所擔負的工作而有餘。

這恐怕不能簡單歸功於石達開的能力高於楊秀清。對兩人都抱有一定好感的李秀成，評價楊秀清是「不知天意如何化作此人」，對他的態度是既敬且畏，而評價石達開是「文武備足」、「謀略甚深」，寧可丟官也要懇求洪秀全「仍重用於翼王」。雖然對石達開的評價很高，但態度是仰慕、親切，能力評價似乎反倒是楊秀清更高一籌。即便石達開能力更高，也斷不會高出當時各方都認為能力過人的楊秀清六倍之多。那麼答案只能是一個：輔政的石達開並不像當年主政的楊秀清那樣，需要為太多的事務操心忙碌。

這當然絕不會像太平天國官書《建天京于金陵論》中所言，是因為「天下無事」、工作清閒所致。當時天京事變瘡痍未復，許多人事方面的善後需要處理，在令人眼花繚亂的幾個月間或死於非命、或不知所從的文官武將及其家屬需要「政治定性」；而一度被打得暈頭轉向的清廷，如今已開始組織反擊，湖北、江西、安徽、江蘇，不少郡縣相繼告急。這些事情無一不需要投入大量的精力去應付。

一八五六年年底，天京城裡的石達開之所以顯得「不那麼忙」，是因為他是「輔政」，太平天國的行政主角是洪秀全本人。

許多資料都表明，洪秀全是個對世俗行政事務意興闌珊的君主，他更關心的是「天上的事情」，包括上帝和耶穌的關係，「三位一體」如何解釋，自己和兒子洪天貴福和「天父天兄」是否具有直系血緣聯繫，太平天國中究竟有哪幾個人既享受世俗的「人權」，又享受「天父天兄」小家庭的「神權」……在敦請石達開回天京輔政後，他的確將許多世俗行政權力交給了對方，包括中樞庶政的處理權[33]、地方郡縣的政務管理和指導[34]以及各路軍隊的戰略指揮[35]。

但和楊秀清相比，石達開的權力顯然受制約得多。

33 這期間太平天國的土地、財政、稅收政策，基本延續前期套路，而前期這方面的政策，最初本就是由石達開首先宣導的。

34 江西、安徽和蘇南都發現這一時期翼殿負責這方面事務的佐證。

35 除了由韋昌輝親弟弟韋俊負責的武昌似乎有些例外，安徽的陳玉成、李秀成、陳仕章等，江西的黃玉琨、林啟容、賴裕新等都聽命於翼殿，江蘇句容、溧水、瓜洲、鎮江四地原先翼殿人馬不多（瓜洲和鎮江原本沒有翼殿人馬），這一階段也開始增加。

比如刑事裁判權，楊秀清在位時「終審權」掌握在東殿，許多記載都表明，如果洪秀全說赦免而楊秀清說殺，結局必定是死刑，反之則多半會死裡逃生。而在石達開輔政時，情形是怎樣的呢？

洪秀全的堂兄、最早的拜上帝會教徒之一洪仁政，這一時期和韋俊一同鎮守武漢三鎮，武昌失守後韋俊北上鄂豫邊境，藉口招兵，不敢回朝，洪仁政獨自回到天京。「偽天王（洪秀全）說小的（指洪仁政，這是一八六四年他被俘後在南昌府的供詞筆錄）不該退兵，把小的……收監有一月餘，幸石達開奏以小的不過幫理，並非帶兵，又無糧草，因此免罪釋放。」很顯然，在洪仁政案中，傳召、收監、開釋的決定權，都掌握在洪秀全手裡，石達開的意見雖也受到尊重，但孰主孰次，孰輕孰重，卻是很明顯的。

再比如人事權，楊秀清生前，任免升陟均由他本人定奪，奏請洪秀全「旨准」不過例行公事，洪孝全從無不准的例子。將領在外公幹，所領代表官方授權的「將憑」，鈐蓋的是東王全印信和北王韋昌輝騎縫印，而沒有天王印信。石達開輔政期間雖然存留記載很不完整，但種種跡象表明，這方面的權力很大程度上被收歸天王。

讓我們把時間向後推一年，即太平天國丁巳七年四月廿五日（西元一八五七年六月二日，清咸豐七年五月十一日），石達開離開天京「遠征」，從此一去不返。他的這支遠征軍一直打著太平天國的旗號，官爵制度則別出一格，其中職位有許多為獨創，而爵位則基本保持太平天國體系，不過只有王（石達開本人）、燕、豫、侯四級，而沒有太平天國後期所特有的義、安、福三級，以至於一八六〇～一八六一年期間脫離石達開回歸天京的童容海、朱衣點、吉慶元等人，最高爵位幾乎清一色豫爵，野心勃勃的童容海想爭奪主帥地位，也不過「自遂燕爵」。侯爵是天京事變前就有的，燕爵、豫爵是燕王、豫王所演變，早期分別只封了秦日綱、胡以晄各一人，石達開打著「尊重天京」的旗號出京，又沿用太平天國特有的這兩級爵位，首先表明在他離開時還沒有義、安、福三種爵位，其次表明燕爵和豫爵在他出走之前就已經成為普遍授予的爵位等級，而這種變動只可能來自天王。

不僅如此，這一階段在地方上出現「將帥」這個嶄新的官銜，並逐步演變為省級行政主官，而在天京事變之前，太平天國有「省」的稱呼，卻並沒有省一級的實際行政建制。而這樣重大的行政調整，也同樣只能來自天王。

從表面上看，石達開這個「輔政」者之所以權力較楊秀清遜色得多，是因為他沒有軍師職銜。

「軍師」是太平天國君主以下的最高官職，掌握軍政實權，早在金田起義之初甚至更早就已設置。太平天國辛開元年（西元一八五一年，清咸豐元年）

十月永安建制，楊秀清、蕭朝貴、馮雲山、韋昌輝四人先後被封為左輔正軍師、右弼又正軍師、前導副軍師、後護又副軍師，其中楊、蕭二人主持軍政事務。馮雲山、蕭朝貴先後在全州蓑衣渡和長沙城外戰死，定都天京後大權由楊秀清以「本軍師」名義掌握。楊、韋先後死於天京事變後，軍師一職出現空缺，照理說，倖存官員中職位、聲望最高，又被委任「輔政」的石達開，應該被授予軍師稱號，填補這一空白。但洪秀全僅僅將石達開名義上的官銜「左軍主將」（五個總司令之一）提升為「通軍主將」（全軍總司令），卻並未給予軍師頭銜。羅爾綱先生認為，太平天國是「虛君」，天王並沒有實權，真正的權力掌握在軍師手中，這就是所謂「軍師負責制」。洪秀全拒絕授予石達開軍師頭銜，卻「主是朕做，軍師也是朕做」身兼二職，石達開的「輔政」就名不正言不順，無法像楊秀清生前那樣如臂使指，充分調動太平天國各方面的資源。這種看法實際上是經不起推敲的。

半神半人

洪秀全做「兼職」的時期，恰是楊秀清、韋昌輝、石達開這幾個前期政治強人死的死走的走，他本人在太平天國版圖內的地位和權威再無人挑戰的「高度專權時期」，正所謂生殺予奪，在予一人。他完全有條件以天王名義直接下詔管理，實在不行更可「升天」，把「天父天兄」請下來幫忙，又何苦給自己找個不倫不類的軍師「兼職」？

不僅如此，太平天國本身的資料也從來沒說洪秀全自己是什麼「虛君」，相反，突出君權的文字則俯拾皆是。早在太平天國壬子二年（西元一八五二年，清咸豐二年，那時太平軍還沒打到南京）就出版的《幼學詩》裡寫得明明白白：「天朝嚴肅地，咫尺凜天威。生殺由天子，諸官莫得違。」「一人首出正，萬國定咸寧。王獨操權柄，讒邪遁九淵。」這分明是「實君」，哪裡「虛」了？

所以，真實原因並不在石達開是否是「軍師」，而在於他是否是「半神」。

原本楊秀清、蕭朝貴之所以擁有足以鉗制洪秀全的權力，並非因為他們是軍師，而是因為他們有權代「天父天兄」傳言。這兩尊神一個是天王的「父親」，另一個是天王的「長兄」，他們可以訓斥洪秀全，洪秀全卻不能反唇相譏，否則便是「不孝不恭」——他更不能否認「天父天兄」的真實性，否則自己這個「真命天子」的合法性就受到根本動搖。簡言之，太平天國根本不存在「軍師負責制」，卻存在著「皇上帝負責制」。這個「皇上帝」在天京事變前就是楊秀清，天京事變後則變成了洪秀全自己——因為「神人」只剩下他和他未成年的長子、幼主洪天貴福。

原本按照上帝教的教義，「神的世界」裡有「天父上主皇上帝」（即耶和華），「救世天兄」（即耶穌），上帝親子、耶穌同父同母胞弟、奉旨下凡「做天下萬國之主」的洪秀全，以及同樣是上帝兒子、耶穌弟弟的馮雲山、楊秀清、韋昌輝、石達開，和上帝女婿、耶穌妹夫蕭朝貴等。但除了「天父天兄」和洪秀全，其他幾位「兄弟」的「神屬性」很模糊。楊秀清似乎對此興趣不大，在可輕鬆「代天父傳言」、做天王之父的前提下，也懶得再替「凡間」的自己爭一個地位在洪秀全之下的「天弟」屬性。那時蕭朝貴、馮雲山已死，而韋昌輝、石達開似乎根本沒有在這個問題上發言的權力。

一些專家特別在意楊秀清「三師一主」的煊赫頭銜，並以「勸慰師」、「聖神風」、「贖病主」在基督教體系裡分別是上帝、耶穌和「三一神」的權柄，認定楊秀清的權威來自上述稱號。這種見解比「軍師負責制」深刻，因為看到了太平天國「神權」的實質，但仍然是不確切的——新證據表明，石達開輔政時的另一個頭銜「聖神電」並非天京事變後授予，而是天京事變前夕就有了，和「聖神風」、「聖神電」同時，蕭朝貴、馮雲山、韋昌輝原本的雨師、雲師、雷師，也被升格為「聖神雨」、「聖神雲」和「聖神雷」，但除了當時仍然活著且能上演「天父下凡」攘奪「上帝權」的「聖神風」楊秀清，其餘的「聖」仍然只是人，不是「神」。

簡單說，由於楊秀清、蕭朝貴「半神半人」、「做神時是君，做人時是臣」

的特殊身分，他們才可以在「皇上帝負責制」的太平天國隨心所欲地淩駕於「人間君王」洪秀全之上。而倘若沒有這個特殊身分，無論擁有怎樣崇高的頭銜，都不可能獲得同樣的地位和特權。

曾經擁有軍師頭銜的馮雲山、韋昌輝，自始至終都沒能像楊秀清、蕭朝貴兩人那樣呼風喚雨——他們可以是軍師，甚至也可以是「天弟」，但在「天上」、人間，其地位都遠低於「太平天王大道君王全」，他們無法鉗制洪秀全，相反，洪秀全卻可以用神（二兄）、人（君）兩重屬性來鉗制他們。正因如此，一手創建拜上帝會、「前做事皆南王」的馮雲山，只能平靜地接受自己被洪秀全當做犧牲品換取楊、蕭合作的既成事實；也正因如此，殺死楊秀清後一度顯得不可一世的韋昌輝，在洪－韋聯盟破裂後不久，便「泡沫破裂」、眾叛親離，被輕而易舉地置於死地。

同樣，頂著「聖神電通軍主將」頭銜在天京輔政的石達開，也只能屈居洪秀全之下，接受這位「太平天王大道君王全」的壓制和指令。因為不論在「天上」或人間，他的位次還在馮雲山、韋昌輝之下。

當然，洪秀全吝於給他軍師頭銜，的確帶有壓抑他的念頭。正如李秀成後來所言，這位天王已經被頻繁下凡、動輒對他頤指氣使的「神人」們「弄怕」了，因此開始不再相信這些和自己只有「天上血緣」卻並沒有什麼世俗血緣關係的異姓重臣，而寧願相信自己、自己的親戚寵臣，以及已不可能「下凡」教訓自己卻可以被自己「引下凡」教訓別人的「天父天兄」。

事實上，在一八五六年的最後幾個月裡，僅就世俗層面上，洪秀全對石達開還是「充分放權」的。一如前文所言，他並未過多干涉石達開的行政權，並對其人事、司法建議給予了足夠的尊重（當然，這也在一定程度上與他不喜歡親自處理政務有關），石達開所獲得的權力，還是符合一個中國傳統君主制政體裡輔政大臣、首相身分的。而此前楊秀清、蕭朝貴所獲得的特權，反倒是畸形、僭越、不正常的，是倚仗「天父天兄代言權」爭奪來的。許多跡象都表明，在石達開遠征前，洪秀全甚至並未組建直屬於中央的行政辦事機構，直到石達開遠走不歸，他才在很短時間內建立了天朝六部（從吏部正天官直到工部又副冬官，共二十四名主官），以及六部之上的正副掌率（最初叫「督率」，後因避諱「基督」而改名）。這同樣表明，在世俗層面，洪秀全的忍耐度和彈性，是相對比較高的。

問題是，洪秀全必須解決楊秀清「神性」消失對自己、對太平天國地位神聖性、正當性的傷害。在整個一八五六年，對這個無比重大的問題，他似乎尚未考慮成熟，不過有一點是明確的：如果說他可以接受又一個「人間」的楊秀清，一個身分為「良臣賢弟」的左輔正軍師東王的話，他絕不容忍再出現一個能「代天父天兄傳言」、動輒讓自己俯伏在地的「天上尊長」——哪怕任何一點點萌芽「神人」的出現，也是決不能容忍的。

第参部

第十二回　忙碌的美國人

初為主角

現在要談談那些洋人了。

在十九世紀中葉，世界上最強大的國家是英國，其次是法國。對於剛剛被鴉片戰爭的炮火強行推開一條門縫的清朝君臣、百姓而言，也同樣如此認為——英國人打敗過朝廷，船堅炮利，自然家喻戶曉；法國人來得比英國人早，《中法黃埔條約》簽訂後更加活躍，知道這個「佛蘭西國」（法國的舊譯名）的中國人也不算少。除此之外，明末清初就因為火器的引入而名聲大噪的「紅毛國」（本譯「紅夷國」，因為清廷忌諱「夷」字改，就是荷蘭，因明末「紅衣大炮」和清鄭臺灣之爭而為人熟知）、佛郎機國（即葡萄牙，因租借澳門和普遍裝備清水師的「佛郎機炮」而著名），以及唯一能派人在京城裡合法活動的俄國，都有一定知名度。至於美國（當時許多人稱之為「花旗國」），知道的人就少得多了——鴉片戰爭期間，林則徐曾留心搜集「敵情」，還專門找人搜集澳門報紙，可當他因患疝氣召請美國籍醫生傳教士伯駕診治時，竟然問「美國和英國難道不是同一個國家嗎」，令伯駕大為驚愕。伯駕的熟人、美國浸信會傳教士羅孝全，是洪秀全的宗教老師，雖然兩人的師徒關係因洪秀全受洗未成[36]而告一段落，但洪秀全對他長期抱有好感，以至於韋昌輝等太平天國高層在會見外國人時曾多次提及羅孝全，並打聽他的下落。然而他們同樣誤把「羅先生」當成英國人，以至於聽到「羅先生」故事的英國外交官、翻譯密迪樂（Thomas Taylor Meadows）誤以為對方說的是英國醫生傳教士合信（Benjamin Hobson）。可見，「英美不分」是兩次鴉片戰爭之間，中國社會普遍存在的一種誤解，這也從一個側面表明，美國當時的國際地位，尤其在中國的「國際聲望」，還遠不能和英、法相比。

但一八五六年（清咸豐六年，太平天國丙辰六年）十月之前，英、法這兩個在中國知名度最高的國家相對沉寂，最忙碌、儼然成為「在華外交主角」的，卻變成了此前「存在感」一直不那麼強的美國，而「主角的主角」不是別人，

36　一八四七年春，洪秀全要求受洗並希望留在教堂工作，但他在受洗典禮上提出工資要求，讓本來就手頭拮据且憎惡談錢的羅孝全懷疑其誠意故而推遲洗禮。

正是那位曾經給林則徐看過病、做過洪秀全「書信鑒定師」的伯駕。37

前面也提到過，伯駕可不是個簡單的傳教士、醫生或醫生傳教士，而是個經常搖擺於宗教－外交兩界的活躍人物。他是一八三四年（清道光十四年）來華的，之後獲得當地富翁伍秉鑒的資助，在廣州新豆欄開辦「新豆欄醫局」，以眼科大夫的身分兼作傳教。一八四四年，美國派遣眾議員顧盛（Caleb Cushing）領銜的代表團來華，和清廷談判簽署《中美望廈條約》事宜。顧盛在香港、澳門、廣州等地請了許多美籍傳教士出任代表團翻譯等職，伯駕便借此契機進入外交圈，一八四五年被正式任命為駐華特別代表處（實際上就是公使館）譯員兼祕書。他也是一九〇五年柔克義（William Woodville Rockhill）出任駐華公使前，美國唯一同時兼具中文聽說讀寫能力的正式在編外交官。耐人尋味的是，這位外交官儘管地位非常重要（每次駐華特別代表交接空隙，都由他出任臨時代辦），但長期保留其醫生傳教士的身分。清廷此時並不公開承認各國設在中國內地的外交機構，卻又不得不和外國人打交道，因此對伯駕這種「跨界兼職」行為只能睜一眼閉一眼。

一八五五年（清咸豐五年，太平天國乙榮五年）六月，美國駐華特別代表麥蓮（Robert Milligan McLane）辭職，伯駕於同年八月十五日被美國政府任命為駐華特別代表，這是美國歷史上首位由駐在國使館普通雇員就地升職成的公使了。

既然成了美國在華最高級別的外交官，繼續身兼醫生傳教士顯然不倫不類，於是一八五五年年底，伯駕將新豆欄醫局[38]轉交給美國美北長老會醫生傳教士嘉約翰（John Glasgow Kerr），從此成為一名專職的外交官和政治家。

節點之年

美國政府之所以要打破慣例，就地提拔一個兼職雇員做公使，為的正是即將到來的一八五六年。因為在美國看來一八五六年是其對華關係至關重要的一個「節點年」。

原來，不論《中英南京條約》、《中法黃埔條約》，還是《中美望廈條約》，

37 他將洪秀全寄給羅孝全的書信鑒定為真品。但有趣的是，伯駕的結論應該是對的，但得出結論的依據——信封格式符合——卻是錯的，因為信固然是原件，信封卻因原物毀損，而由送信人的天地會朋友做了個並不高明的贋品。這也表明當年中外文化隔閡之深，到了連伯駕這種在華二十多年的老「中國通」也會「自擺烏龍」的地步。

38 這所機構後改名博濟醫院並創辦博濟醫學堂，是公認的中國最早正規西醫院，孫中山曾就讀於這裡。如今這座醫院依然存在，即中山大學孫逸仙紀念醫院（中大附屬二醫院）。

在簽署時都留下了所謂「十二年變通之約」[39]。

當時這項「十二年變通」的條款，是為數不多得到簽約各方發自肺腑一致認同的條款，不過認同的理由卻大相徑庭：清廷之所以認為這個條款不錯，是希望通過十二年的軟磨硬抗，屆時可以把自己所憎惡的條款，如五口通商、合法傳教等等一併掃除；英、法、美三國覺得可以接受「十二年之約」，是覺得當時清國朝野對洋人、對開放的抵觸還比較大，比較激烈，此時此刻勉強簽署「永約」，所能獲得的利益相對有限，十二年後再談，就可以爭取更好的續約條件了。

《中英南京條約》是一八四二年（清道光廿二年）八月二十九日簽署的，《中法黃埔條約》則是一八四四年（清道光廿四年）十月二十四日所簽，按照「十二年變通」之約，理應分別在一八五四年（清咸豐四年）和一八五六年（清咸豐六年）到期。不過英國人性子比較急，早在一八四五年（清道光廿五年），也就是簽約後第三年，便由其駐華公使德庇時爵士[40]向時任兩廣總督、實際負責清方外交事務的耆英交涉續約事宜，被耆英搪塞過去。一八五四年（清咸豐四年，太平天國甲寅四年），英國外相喬治·維利爾斯（George William Frederick Villiers）責令英國駐華公使包令以當年德庇時和耆英「已有成約」為由，向清廷提出修改條約交涉。包令對此持保留態度，認為當初並沒有這樣一項約定，耆英「固定不變的意圖在於盡可能避免承認修約的權利，懷疑其存在，並盡力貶低這一條款的價值和重要性」。儘管如此，英、法兩國仍然認為，可以趁當時清朝正被太平天國弄得焦頭爛額之際，用強硬手段逼迫清方就範。

自鴉片戰爭結束以來，道光、咸豐兩位皇帝的洋務總思路就是「回避」：不承認有外交問題，不承認存在外國使節，不承認有需要談判修改的中外協定。在他們看來，既然暫時無力把洋人趕出去，那麼只能退而求其次，「略示羈縻」，將外交接觸停留在非官方、非正式、只限廣州一地的局面，至於通商則維持在《中英南京條約》規定開放的「五口」範圍內。

而英、法、美的要求雖然存在一些差異和前後出入，但大體上是一致的，包括開放更多通商口岸，允許外國人在更多地方居住（尤其是允許進入廣州城居住，因為這條即便不修約也是被舊約所允許的），承認各國外交使團成員、使節的外交官地位，允許外國使團進駐北京甚至覲見皇帝。

先是耆英後是徐廣縉、葉名琛，先後充當了清朝「辦洋務」的唯一負責官

---

39 《中法黃埔條約》第三十五款、《中美望廈條約》第三十四款均規定「各口情形不一，所有貿易及海面各款，恐不無稍有變通之處，應俟十二年後兩國派員公平酌辦」。也就是說條約現有條款的「凍結期」只有十二年，期滿後要重新談判並簽署修改後的新約。

40 德庇時爵士（Sir John Francis Davis），著名漢學家，第二任香港總督。

員，其中猶以葉名琛因長期操縱「反入城運動」，讓外國人始終無法入城居住，而深受奕訢倚重信賴。不過這位兩江總督實行的實際上是「鴕鳥政策」，即一方面糊弄遠在北京的皇帝，讓奕訢相信洋人很「馴順」，即便偶爾淘氣，自己也能輕鬆搞定；另一方面敷衍洋人，讓他們相信在中國和官方打交道只能找他本人，只此一家別無分號。

兩廣總督葉名琛。

然而英、法、美三國政府卻漸漸不耐煩起來，他們看到，儘管自己在「紅兵圍城」中幫了葉名琛的大忙，但這位總督大人卻並不那麼領情，非但不答應三國修約條款，甚至連談判地點也要斤斤計較：三國公使一直要求和葉名琛在兩廣總督署會面，這樣一來可以彰顯自己的外交官身分，二來總督署在城內，可以順勢打破「廣州不能入城」的死結，而葉名琛卻只肯在虎門或省河的船上會晤，顯然仍像鴉片戰爭前的「十三行時代」那樣，把各國公使視作只能負責商務、不能負責其他外交事宜的「大班」。

一八五四年九月，英國公使包令、法國公使布爾布隆（Alphonse de Bourboulon）和美國駐華特別代表麥蓮一同來到上海，向清江蘇巡撫吉爾杭阿施壓。

身為江蘇省封疆大吏之一的吉爾杭阿，當時正被天京、鎮江、瓜洲等地太平軍以及上海小刀會弄得焦頭爛額，他早就豔羡洋人的堅船利炮，更聽說廣州英軍的助戰十分得力，希望借助外力，實現夢寐以求的「破巢擒渠」願望。因此當三國公使以「一旦修約就助戰」暗示相引誘時，他便興沖沖上書皇帝，勸奕詝「將計就計，欽派資深望重之大臣前來議定妥協章程，允其所請」，結果遭到奕詝駁斥。

三國見總也等不到清朝的「資深望重之大臣」前來談判，便不願再糾纏下去，十月，包令、麥蓮和法國代表、公使館祕書哥士耆（Klecz Kowski）一同乘船北上。一八五四年十月十五日（清咸豐四年八月廿四日，太平天國甲寅四年九月初十日），三國代表乘坐軍艦抵達天津白河口，試圖尋找和清廷直接溝通的捷徑。

白河口是清廷京師的門戶之一，三國軍艦抵達白河口的舉措，在本就不願開放、不願擺脫傳統「華夷之辨」框架，和外國人進行正常交流的奕詝心目中，實同「逼宮」無異。他所能想到的應對，就是一方面堅決不派遣「符合身分」

的大員如直隸總督桂良和洋人交涉，而只派前長蘆鹽政崇綸、現任鹽政文謙、天津鎮總兵雙銳等較低級別官員敷衍；另一方面又指示這些官員必須保持良好的態度。也就是說，皇帝希望這些外國人趕緊回廣州，去和葉名琛繼續交涉，離自己越遠越好，為此可以安撫敷衍，但千萬不能答應什麼。

此次白河之行，英國提出十八項修約要求，美國十一項，法國則只一項，但核心要求仍是前文所述增開口岸、使節駐京等項。美、法兩國之所以不動聲色，是因為在他們看來，根據舊約簽署時所規定的「最惠國章程」，任何一國和清廷達成某項協定，其他各國也可利益均沾。

然而清廷一口咬定「十二年變通之約」中「稍有變通之處」的文字，表示新約的修改只能是「稍有」，什麼叫「稍」？按照奕訢發給葉名琛等人上諭所透露的，就是在商務條款上做細枝末節讓步，但絕不允諾任何增

當時守衛上海一帶的清軍和協防的法國軍隊。

開「窗口」，把「窗」變「門」，或「有失體統」的「非分之請」。最終，文謙、雙銳等所提出「可以修約」的僅三項：「民夷相爭公平審斷」、減免上海欠稅、酌減廣東茶稅。

三國使節碰了個軟釘子，只得悻悻而歸，英、法兩國外交部和公使就此得出的結論是不能操之過急。一八五六年二月，英國外相克拉蘭敦（Lord Clarendon）致信包令，告誡他不能因英國人從事條約所不允許的三項商務[41]，和清廷發生爭論。英、法兩國暫時「退居二線」，讓新上任的美國駐華特別代表伯駕衝上前臺——反正有「最惠國章程」。

忙碌的伯駕

伯駕在接任駐華特別代表時正好在美國國內休假，美國政府認為，鑒於「最惠國章程」，美英法在對華修訂條約問題上立場應力求協調一致，因此安排伯

41　即沿海土特產販運，洋貨從通商五口上岸後轉運其他口岸而拒絕納稅，中國貨從通商五口裝船後在其他口岸卸貨再裝船而拒絕納稅。

駕繞道英、法回中國上任。一八五五年十月二十六日，伯駕抵達英國，會晤英國外相克拉蘭敦，此後又抵達巴黎，會見了法國外長瓦爾夫斯基伯爵（Comte Alexandre Walewski）。

行前美國總統富蘭克林．皮爾斯（Franklin Pierce）要求伯駕和英、法兩國交換對華修約意見，瞭解對方意圖，以免重蹈一八五四年覆轍，並向伯駕交代了美國在修約問題上的三個基本目標，即公使駐北京、對華貿易不受任何障礙限制、廢除所有中國政府加諸美國在華僑民的人身自由限制。很明顯這三個基本目標和英、法利益一致但更為激進，事實上等於要求清政府全面開放所有領土、口岸，對境內外國僑民實行完全的行動自由[42]，這是直到民國三年（西元一九一五年）的「二十一條」，列強都未能在華獲得的利益，因此只能視作「奮鬥目標」，而未必是美國當時必欲達到的「基本目標」。但急於事功的伯駕卻將自己的諮詢、交換意見之旅，變成了和英、法協調立場，結成對華修約三國同盟的穿梭外交訪問。

在會晤英國外相時，他表示美國政府希望「標誌英美法三大強國在中國步調一致的政策和行動得以發揚光大」，對此克拉蘭敦表示將在國會對此展開討論。在法國，他以「美國方案」的名義提出了自己的「修約四要素」：三國使節駐京，中國向三國首都派遣公使；三國貿易無限制擴展到中國全境；中國實行宗教信仰自由；中國司法進行改革。很顯然，伯駕的「四要素」甚至比美國政府的「三個基本目標」走得更遠。他以為經過此次穿梭訪問，自己的這些修約主張，已可代表美英法三國政府的共同立場。

一八五五年十二月，抵達香港後的伯駕立即向葉名琛發出照會，要求在兩廣總督署進行會晤，並由自己向代表清朝政府的葉名琛遞交國書。在照會中伯駕用強硬口氣表示，「十二年變通之約」即將到期，他本人將於一八五六年「六月初旬」（這裡不清楚是西曆還是陰曆）赴天津，謀求和清廷直接交涉，要求葉名琛「代為呈奏」。

如前所述，葉名琛是咸豐所委派的「守窗人」，總攬所有和外國官方打交道的事務，這與其說是皇帝相信葉名琛，毋寧說是他不想見這些「夷人」，又害怕再來一次鴉片戰爭，只好委派一個靠得住的親信出面為自己搪塞敷衍而已。葉名琛辦理「洋務」最重要的使命，並非為清廷爭取到怎樣的外交權益，而是力爭「不修約」、「不開放」，其中的「標誌性成果」自然就是不讓外國使節北上，給皇帝和朝廷找麻煩。因此葉名琛不論出於任何動機、理由，都絕不會配合伯駕的「莽撞舉措」。

42　這是「最惠國章程」所決定的，即只要一國能在華獲得的權利，擁有最惠國待遇的各國都可利益均沾。

於是葉名琛駕輕就熟地玩起了「不接觸政策」：拒絕會晤，不收國書。這等於不承認伯駕的美國駐華首席外交官身分。

對此，伯駕十分惱火。一八五六年年初，他相繼會晤英國公使包令和法國駐華臨時代辦顧思（Jean de Courcy，布爾布隆公使因個人原因暫時離任），希望各國循「三國同盟」立場，在一八五六年夏派遣三國聯合艦隊北上，逼迫清廷簽署新約。

但他並不知道，英國外相和法國外長都對他此前的穿梭訪問印象惡劣，且鑒於一八五六年中國的複雜政治形勢，不願輕易下判斷、作大動作，因此他們此前已悄悄指示各自駐華公使「根據各自判斷決定與伯駕醫生的合作程度」。

英國公使包令本就主張慎重，在他看來「一八五四年的強硬舉措適得其反，這表明三國必須找到另一種阻力較小的行動方式，且在華擴張利益應循序漸進，一蹴而就是不現實的。因此他一方面從外交辭令上對伯駕表示「充分支持」，另一方面婉拒了組織三國聯合艦隊北上的要求。

法國公使館因人事交接等問題[43]，同樣不願冒險，對伯駕的要求做出了和英國同行相似的反應。

伯駕得不到英法呼應，便決定自己「單幹」。

一八五六年二月三日（清咸豐五年十二月廿七日，太平天國乙榮五年十二月廿八日），美國駐上海代理副領事飛余（M. W. Fish）向蘇松太道藍蔚雯遞交了伯駕給吉爾杭阿的照會，表示「待本國火輪兵船到來，即可赴上海將條約重行酌議」。同時英國人、上海海關總稅務司李泰國（Horatio Nelson Lay）也向蘇松太道提出照會，稱如不照三國意見修約「恐致生事」，並表示各國已不耐煩與葉名琛周旋。

對此，兩江總督怡良和吉爾杭阿感到事態嚴重，於是咸豐六年二月十八日（一八五六年三月二十四日，太平天國丙辰六年二月十七日），他們聯名上奏，稱「其詞雖似恭順，其意則存挾制，情殊叵測」。他們表示，當前江蘇軍情緊張，朝廷還是應設法讓葉名琛繼續「設法羈縻」，以免外國兵輪「驟然北來」，「多所掣肘」。

對此，皇帝奕詝的反應自然是老一套，他在答覆怡良的上諭中稱，舊約日久弊生，「不妨小有變通」，但不允許作大變更，一八五四年三國要求的條款「均屬萬不能行」，「上至天津更屬不成事體」。他要求江蘇地方官不要插手「洋務」，而應轉告伯駕「五口通商事宜希歸廣東查辦」，讓他們回廣東繼續和葉

43 同年噶羅（Jean Batiste Louis Gros）上任，後布爾布隆又回任。

名琛交涉，同時要求葉名琛既要對各國「大變更」要求「即行正言拒絕」，又不能堅決拒絕會晤，以免對方「有所藉口」。所有這一切，目的只有一個，即「恩威並用，絕其北駛執念」，同時仍然一廂情願地將「洋務」等同於「涉外商務」。

一八五六年七月一日（清咸豐六年五月廿九日，太平天國丙辰六年五月廿五日），伯駕無法說服英、法兩國同步行動，只得獨自乘坐美國輪船「東方號」（Levant）赴上海。此時吉爾杭阿業已戰死，江南、江北兩大營都已被太平天國擊潰，清方江蘇官員更無心和伯駕敷衍，他只好在七月十二日南下福州，將修約要求和國書托閩浙總督王懿德轉呈咸豐。

此前葉名琛為推卸自己不肯會晤三國使節的責任，在給皇帝的奏摺中汙指伯駕和洪秀全等密相往來，並煽惑英法兩國北上，甚至在外國商人中散布太平軍必定勝利的流言。對伯駕的單獨北上，他的解釋是官兵將各起事者一律蕩平，讓伯駕顏面無光「自行回國」（指一八五五年休假），卻因為麥蓮患病而又被派回任，因此「心懷憤憤必欲別出心裁掩人耳恥笑」，要求清廷不論伯駕在哪裡交涉，都要責令其回到廣東，和自己打交道。

葉名琛的這些言論，其目的在於掩飾自己的失職，避免伯駕和其他清方政要途徑接觸，從而戳穿自己的謊言，但卻正中了皇帝的下懷——他本就一心想著讓葉名琛包攬所有麻煩的「洋務」，讓「夷人」離自己和京城越遠越好。

不過葉名琛的奏報有一處是「歪打正著」的，即英法都不太贊成伯駕的北上。

包令在伯駕北上前一天接到其來信，要求英國在八月二十日至九月一日間派遣艦隊協同美國艦隊北上渤海灣，從而迫使中國同意修改條約。對此包令覆信表示「外交上的支持」，但對艦隊北上可能適得其反的前景表示憂慮。

法國公使噶羅直到七月十七日才得到法國外交部「便宜行事」的指令，而此時伯駕早已北上，因此採取了和英國協調一致的立場。

一八五六年八月一日（清咸豐六年七月初一日，太平天國丙辰六年六月廿五日），伯駕重返上海，但原定來滬配合他行動的美國巡洋艦「聖．查辛托號」（San Jacinto）發生故障需要修理，他不得不於十二日再度致函包令要求配合，認為此時清朝內外交困，如果「親臨北京」並且表示將幫助清廷，就可以在修約問題上獲得突破。這一次，包令明確地以「本國外交部要求英國官方在中國內戰中保持絕對中立」為由加以拒絕。

八月二十五日，前蘇松太兵備道吳健彰（十三行買辦出身，善於洋務，因曾被小刀會扣押而遭革職）和藍蔚雯奉怡良之命拜訪伯駕，伯駕聲稱一旦艦艇修復就要北上，並堅決拒絕和葉名琛會談，表示一定要去覲見皇帝，否則就請怡良奏請允許在浙江和「特命欽差」會談。

咸豐最不願意的就是會晤「夷人」，聽到這一奏報自然勃然大怒。咸豐六年九月十三日（西元一八五六年十月十一日，太平天國丙辰六年九月初五日），他字諭怡良和暫署江蘇巡撫趙德轍，重申「只有置之不理」的鴕鳥式對策。他還從自己「洋務就是對外商務」的思維定勢出發，要求山東巡撫崇恩等查禁沿海走私，認為如此則伯駕「無利可圖」，只能南下和葉名琛糾纏。為了推卸自己的責任，他甚至在上諭中要求怡良等不可以透露自己的意見，甚至不能告訴對方皇帝已經知情，「皆作為該督等自出己意，是為至要」。

儘管清廷的分析、判斷荒腔走板，但只有自家艦隊[44]配合的伯駕終究不敢造次。此時美國恰進入總統大選週期，國內忙於選戰，對遙遠的中國事務迅速失去興趣。就這樣，躊躇滿志的伯駕，幾乎同時失去了英、法、美三國的支持。隨著天氣進入晚秋，渤海灣內白河口行將封凍，伯駕只能在一八五六年十一月折返。

清廷在既不知己又不知彼，且內部互相推諉、欺上瞞下的混亂狀態下，莫名其妙地度過了這次「伯駕危機」，但此時的他們連彈冠相慶的時間都沒有了，因為內外形勢都已悄然發生了劇變。

44

九月十六日，美國東印度艦隊提督奄師大郎（James Armstrong）率艦抵達上海。

第十三回　開始忙碌起來的英法

樹欲靜，風不止

這世界上的事就是如此地耐人尋味——當一八五六年春夏，美國駐華特別代表伯駕不厭其煩地遊說甚至懇求英、法兩國與美國保持對華「修約外交」步調一致，三國艦隊應一起開赴渤海灣內白河口，用武力逼迫清廷接受三國修約條件時，英、法兩國僅給予外交辭令上的「充分支持」，卻始終不肯派出一兵一艦，甚至直截了當地告誡美國人「此時此刻，派遣一支不恰當兵力進入北直隸灣（渤海灣）將絲毫不會促進問題解決」，「我們不會和你們共同北上，去完成一個可預期毫無結果的使命」；當伯駕在這年十一月徒勞無功，悻悻然從上海折返香港，並從此在「武力逼迫換約」問題上轉趨消沉之際，原本高唱「我們不干涉中國內部事務」的英國和法國，卻開始認真討論起艦隊北上、武力逼迫換約等問題，而且很快就向世人尤其是將兩廣總督葉名琛當作與「夷人」交往唯一「感測器」的咸豐皇帝奕詝證明，他們可絕不會僅限於討論。

這一切都是因一個月前停泊在廣州黃浦的一艘小帆船引發的。

這艘船名叫「亞羅號」（The Arrow），是一八五四年（清咸豐四年，太平天國甲寅四年）在中國內地建造的「鴨屁股船」。「鴨屁股船」又稱「綠殼」、「老閘船」（lorcha），起源於十六世紀中葉的澳門，排水量約一百噸，船身使用歐式帆船的線體，帆裝卻沿用中國「廣船」的傳統硬帆，其特點是比中國傳統帆船速度快、航海性能好，又比歐式小型帆船需要水手少，操縱簡便，價格也更便宜，特別適合短途江海聯運，因此在珠三角一帶頗為風行。

「亞羅」是一個外國人的名字。一八五四年八月七日（清咸豐四年七月十四日，太平天國甲寅四年七月初二日），居住在香港的中國籍公民蘇亞成出資建成這條船，並從波碌行（丹麥駐香港總領事波碌（F. H. Block）註冊的公司）購得一張香港執照，價值一千港幣。之所以命名為「亞羅」，是因為當時香港華人習慣雇用外國船長並以其名義申報執照，當時亞羅正是蘇亞成雇用的水手，月薪為三十港幣。這條船建成後主要用於香港－上海沿海散貨運輸。

翌年，這艘船被海盜劫走，後又在省河中被清政府團練截獲，作為戰利品被轉賣。幾經輾轉，一八五五年（清咸豐五年，太平天國乙榮五年）六月被香港波碌行買辦、中國籍公民方亞明購得。他以自己的名義申請了一紙香港執照，批准日期為一八五五年九月二十七日，有效期一年，註冊船長為愛爾蘭人湯瑪斯・甘迺迪（Thomas Kennedy）。

中西合璧的「亞羅號」商船。

一八五六年十月八日（清咸豐六年九月初十日，太平天國丙辰六年九月初二日）上午八點，中國商人黃林納（音譯）在廣州黃埔水面偶遇「亞羅號」，發現這艘船曾經於同年九月六日在興寧縣上川島水面試圖搶劫自己的商船，並認出船上水手梁明大（化名李明太）正是當日指揮海盜行劫的頭目。於是他立即報告了廣東巡河水師。隨後，水師千總梁定國（一作梁定國）隨即率水兵四十餘人登船搜索，扣押了船上全部十二名水手。

這十二名水手都是中國籍，其中三人隨後被不止一名中國和外國商人、水手指認，曾從事海盜行為，「亞羅號」也曾向澳門運送過搶劫來的物資。事發時，年僅二十歲的甘迺迪船長並不在船上[45]。聞訊後甘迺迪急忙趕回，和梁定國交涉，梁因人證物證俱在未予理睬。甘迺迪隨即以「這是條英國船」、「中國水兵侮辱了英國國旗」為由，通報了英國駐廣州代理領事巴夏禮（Sir Harry Smith Parkes）。

巴夏禮很快趕到「亞羅號」上，以「亞羅號」是英國船為由警告梁定國，稱「如果不是弄錯了，這就是對英國的侮辱和對英國權利的侵犯」。他要求帶走全部十二名被扣水手，由自己在領事館內審問，如果其中確有證據確鑿者再引渡回中方。

梁定國對此表示不能同意，他指出「亞羅號」的香港執照過期十二天且並未續期，因此船和船員都是中國籍，應由中方自行處理，英方無權干涉。

英國駐廣州代理領事巴夏禮。

45 有資料稱他只是掛名船長，很少登船，本人承認「連船主是誰都搞不清」，也有資料稱他那天本來在船上，只是湊巧下船吃飯。

接下來，甘迺迪宣稱中國水兵曾扯下「亞羅號」上的英國國旗；而巴夏禮則在事後宣稱，自己試圖帶走被扣水手時遭到梁定國推搡和「一下毆打」。

回到領事館的巴夏禮連夜寫信給駐香港英國海軍總指揮、海軍準將阿里喝（Commodore Elliot），希望他立即以武力「增強我的地位」，並要求包令「放權」。但對於巴夏禮和甘迺迪的說法，包令和阿里喝都感到有些勉強，因此傾向於先進行外交交涉。

在「亞羅號」上，清軍與船方發生爭執。

巴夏禮隨即遞交葉名琛照會，將「亞羅號事件」稱為「極其嚴重性質的侮辱」，要求中方公開賠禮道歉、賠償損失，並由梁定國當著巴夏禮的面，將被扣水手送還原船。

十月十日，葉名琛復函同意釋放九名水手，但堅持認為「亞羅號」是中國船，拒絕道歉，且不同意釋放李明太、梁建富兩名海盜和另一名人證。

十月十二日，巴夏禮得到包令確切指示，支持其照會中要求，且須責令葉名琛書面道歉，保證不再發生類似事件；如後者四十八小時內不能滿足條件，則英國海軍將「對中國船隻採取必要行動」。這等於說，英國駐華公使授權對中國採取可能引發戰爭的行為。

葉名琛對此覆照表示不能接受。

十月十四日淩晨一點，英國海軍採取行動，搶走了廣東水師最大的一條平底戰船。巴夏禮、包令先後威脅葉名琛，如果再拖延滿足要求，「後果將很嚴重」。巴夏禮甚至直接表示：「英國海軍戰艦已經在黃埔、臘德炮臺和你的廣州城前面了，這是對你的提醒。」

如前所述，葉名琛是一個諳熟中國官場之道、懂得固身容寵的老資格官僚，他一方面和洋人「打太極拳」，試圖用拖延敷衍之法得過且過，另一方面則竭力向皇帝隱瞞實情，並利用皇帝不願「夷情」擴大尤其不願自己直接面對「夷務」的心態，試圖向皇帝表明「自己能包辦洋務」而無須皇帝操心，並千方百計排斥其他官員插手，以免戲法被戳穿。

「亞羅號事件」發生之初，他所遵循的也仍然是「一拖二瞞」的一套，對於送還被扣水手之類認為無關痛癢，但道歉、賠償、公開露面、書面具結等卻是他絕不願做的——這並非因為他覺得這樣做是喪失主權尊嚴，而是因為這些一旦傳到皇帝耳中，自己以前精心架構的一整套謊言，就將不攻自破，這對自己的政治前途，幾乎是滅頂之災。

應該說，他的顧慮並非一點道理都沒有——在這方面，他的「老前輩」耆英，後來就在奉命辦「洋務」時，被此前和他「情投意合」的洋人將從廣州總督署搜到的「兩面派」證據扔到面前百般羞辱，弄得死去活來。問題是，這位當時清朝法定的、唯一有權和外國政府、軍隊合法進行外交交涉的高級官員，根本就還沒弄明白，把軍艦開到自己門口的洋人到底想要得到什麼。

十六日，他照覆包令，聲稱被英國海軍劫走的並非戰船而是商船，表示對威脅置之不理，且並未向皇帝奏報正在加劇的危機（或許他根本沒有覺得發生了什麼了不起的危機）。

二十一日，巴夏禮再度發來最後通牒，限二十四小時接受全部條件，否則後果自負。

如果說葉名琛直到此刻尚不知英國人的戰略目的，但他至少已經知道，如果不答應，英國人就可能進攻廣州城。於是他立即覆照，表示將尊重英國國旗和條約義務，送還十名被扣水手，但回避道歉。次日，他不見對方答覆，便下令將十二名水手全部釋放，但為時已晚——英國人如今要的是衝進他的廣州城。

亞羅號戰爭

就在葉名琛釋放全部十二名水手的這一天，即一八五六年十月二十二日（清咸豐六年九月廿四日，太平天國丙辰六年九月十六日），包令、巴夏禮將「亞羅號事件」轉交給英國海軍上將西馬糜各厘爵士（Sir Michael Seymour）。所謂「亞羅號戰爭」就此爆發了。

二十三日，英國艦隊越過虎門，奪取了四座清方炮臺，毀炮一百五十門，抵達廣州。巴夏禮借機再次通牒，威脅葉名琛「必須答應我們每一項要求」，否則將繼續進行武力攻擊。

此時正是廣州武舉鄉試，正在主持鄉試的葉名琛聞訊後以為英國人仍會像以往那樣「日暮自走」，於是要求水師戰船不要輕舉妄動以免激怒對方，對最後通牒置之不理，仍按計畫「出堂看箭」（當時武舉考試仍然考射箭）。

次日中午，英軍「炮聲大震」，進攻省河南岸鳳凰崗炮臺。炮臺旋即被炸毀。此時葉名琛仍好整以暇，主持武舉鄉試，「聲色不動」，隨即以「風大」、不便射箭為由宣布考試暫停，召開了軍事會議。

葉名琛的對策和道光廿九年（西元一八四九年）反入城時如出一轍，即揚

一八五六年前後的清軍勇營小隊，典型的冷熱兵器混裝，火槍是舊式的，藤牌用於抵擋槍炮，但對新式洋槍幾乎無效。

裝備西式滑膛槍的清軍勇營。

言「整齊團練」（號稱要動員二萬人），並授意城內外各社學組織「同仇敵愾」，對「外人」進行「剿殺」。很顯然，他仍舊將事件的性質當作一次糾紛或騷亂，因此因襲「以民制夷」，自己躲到後面，勝則邀功、敗則諉過的故技。殊不知英方此番的目的，已變成了憑藉武力擴大在華利益，發動的是一場真正的戰爭。葉名琛的對策所能糾合的不過是烏合之眾，根本不是英國正規軍的對手，而「剿殺外人」的含糊口號，卻令這些被英軍行徑激怒、被官府號召喚起的民間武裝轉而遷怒於同樣是「外人」卻更容易「剿殺」的商館和普通外僑，從而讓英方獲得更多擴大戰爭的口實。

咸豐六年九月廿八日（西元一八五六年十月二十六日，太平天國丙辰六年九月廿日），葉名琛下令關閉粵海關。次日，西馬縻各厘在包令授意下再提「外國人入城」問題，葉名琛照慣例置之不理，他以為這一次還會和以前一樣，雷聲大雨點小。

當天下午一點，停泊在省河江面上的英國軍艦猛烈開炮，轟擊兩廣總督署，每隔五到十分鐘就齊射一次。門役兵丁逃跑一空，葉名琛卻穿戴整齊坐在二堂，發布了「安民告示」：

「照得英夷攻擾省城，傷害兵民，實為罪大惡極，合行曉瑜，公同剿捕，為此示、仰闔省軍民鋪戶人等知悉：爾等務即戮力同心，公同剿捕，幫同兵勇，但見上岸與在船滋事英匪，痛加剿捕，准其格殺勿論，仍准按名賞銀三十大元（銀元），解首級赴本署呈驗給領，絕不食言。各宜凜遵，毋稍觀望。」

在政府軍全無戰鬥部署的情況下，這樣的告示能產生怎樣效力，顯然是不問可知的。

就在他發布告示的第二天，即一八五六年十月二十八日，英國軍艦開炮，在城牆上轟開一個缺口，英軍並縱火焚燒靖海門外民房，火勢蔓延至與總督署只隔一道城牆之處。

此刻葉名琛感到害怕，當晚讓家屬轉移到距離戰火較遠的廣州內城及廣東巡撫衙門。次日，他本人也藉口要照例去內城文廟進香，撤離了總督署。

十月二十九日下午二點，英國軍隊登陸，開進了他們一直夢寐以求想進入的廣州城，並遭到零星抵抗，死三人，傷十一人。當天，英軍闖入總督署，但不敢久留，傍晚全部退出廣州城。此後數日，英國軍艦每天都會炮轟城垣，並

清朝最精良的國產武器－御用雙筒火槍，可惜這種槍只用於皇家狩獵，一八五六年時前線將士別說用，都不一定知道大清朝還有這麼好的武器。

在十一月十二日至十三日攻占了省河上清軍最後的要塞——虎門橫檔、亞娘鞋炮臺。

直到一八五六年底，「亞羅號戰爭」都以十分詭異的面目出現：英國官方不斷加重威脅語氣，向中國政府提出越來越多的要求，卻再也沒有進入過廣州城；葉名琛明明丟失了所有城外的炮臺、要塞，讓英軍得其所願地進入廣州城，甚至一度丟掉了自己的衙署，卻在驚魂甫定後開始向廣東軍民甚至遠在北京的皇帝宣稱——我們勝利了。

英國方面此時此刻一心擴大戰果，當然並非要「克制」或手下留情，而是兵力不敷。

當時的清軍，背鳥槍，使用舊式火炮，拿藤牌當作野戰防禦工具。

當時在廣州城外的英軍，僅有海軍二千人，陸戰隊五百人，陸軍一千四百八十四人；能夠在短時間內趕來增援的，還有駐香港、新加坡的印度兵（分別為四百人、五百人）。這樣的兵力足以毀壞廣州城，但不足以長久占領。此時英國在印度也陷入民族戰爭之中，一時很難騰出更多兵力增援遙遠的中國。

不僅如此，正如後來出任英國赴中國特別使團首席特使的額爾金（James Bruce, 8th Earl of Elgin and 12th Earl of Kincardine）所質疑的，英國人此時已經發現，在廣州不論做怎樣大的動作，「給北京朝廷的印象總是很小甚至全無的」，皇帝可以坐觀成敗，而不對葉名琛的行為作出任何反應。因此，英國人也在思考下一步究竟該怎麼辦，才能讓「亞羅號戰爭」達到其最終目的——迫使清廷接受此前不願接受的條件。

當然，英國人也希望拉到更多盟友。在十月二十九日入城時，美國駐廣州領事裨理（Oliver H. Perry）、駐香港領事凱南（James Keenan）都隨同進入。裨理闖入總督署，和西馬糜各厘「分享了一些紀念品」；凱南更把一面美國旗插在城牆缺口上，並向中國守軍開火。

不過經歷伯駕事件後，美國對華政策回歸到以往的「不當主角」軌跡，即不追求直接控制，而希望借「最惠國待遇」分享列強所獲利益，並極力推動中國更多的門戶開放，以充分發揮自己在商業領域的優勢。因此，國務卿馬西（William Learned Marcy）很快致函伯駕，對上述行為表示「不能認同」、「毫無理由」。美國此時對英國在華行為的態度，一如上半年英國之對伯駕——外交檯面上是支持的，但缺乏實際表示。

法國的情況則不同。

一八五六年二月二十五日，廣西西林縣縣令張鳴鳳接到報告，稱法國人馬賴（Auguste Chapdelaine）在縣屬堯山村「為非作歹」，便下令拘捕。馬賴被處以「站籠」之刑，因體弱多病，不久死去，後被斬首示眾。這就是所謂「西林教案」或「馬神甫事件」。

馬賴是法國天主教巴黎外方教會傳教士，一八五二年來華，一八五四年年底進入西林堯山村，當年就被西林縣衙緝拿關押過十六天，此後一度轉入貴州，一八五五年年底才重返廣西。按照年一八四四年《中法黃埔條約》

法國的《世界報》對「馬神甫事件」的報導。

第二十二～二十三條的規定，外國傳教士傳教合法，但範圍僅限於通商的五口，五口以外則為違法「聽憑中國官查拿」。不過，根據領事裁判權，被捕的違法傳教外國人應交送「近口法蘭西領事館」處理，中方官民均不得毆打、傷害、虐待，「以傷兩國和好」。

由此可見，在西林教案中，馬賴越界傳教，被中國官府「查拿」，本身是沒有問題的，但未送就近（越南）法國領事館而任由其在獄中「瘐斃」，則是所謂的中方「違約」。當然《中法黃埔條約》是不平等條約，領事裁判權當然不符合現代國與國交往的原則，但僅就這個不平等條約本身而言，只能作上述解讀。

「站籠」等刑罰雖然不符合近代文明和司法準則，但當時的中國仍視刑訊逼供為合法、正當司法程式，將刑訊逼供獲得的口供視作有效證據。在這種背景下也很難超越時代，要求當時的中國內地地方官「文明執法」。還有，那些列強在逼迫中國簽訂不平等條約時，哪裡想到了「文明」二字。不僅如此，廣西是太平天國發源地，而當時清朝從官府到民間，普遍以為太平天國信奉的是「西洋耶穌教」，因此對在廣西傳教、對廣西教團的地下活動十分緊張、警惕，反應當然會更激烈一些。值得一提的是，向衙門舉報並令馬賴遭遇牢獄之災和死亡之禍的，是當地信奉基督教新教的祕密教徒。正因為「西林教案」的影響，法國政府對英國的呼籲採取了更積極的態度，這為此後他們直接派兵參戰這一可恥行徑打下了伏筆。

現在必須回到一個關鍵問題上來：「亞羅號事件」本身的是非。

「亞羅號」問題其實有兩個：中國水兵有沒有撕毀英國國旗？「亞羅號」到底是不是英國船？

是否撕毀英國國旗，關乎英國「報復侮辱」的通牒、戰爭理由是否成立。這件事的證人包括船長甘迺迪（自稱「自始至終目睹撕毀國旗過程」）和某些被釋放的「亞羅號」水手（其中一名水手稱，中國水兵曾高呼「讓我們把英國國旗扯下來，這不是一條外國船」）。但許多目擊證人都表示，當時「亞羅號」上並沒有英國旗，而只有一面很像沙俄旗幟的船首旗。當時和後世許多專家也指出，按照當時的慣例，船隻在停泊時是不會懸掛國旗的，而只懸掛船首旗。即便在當時，許多英國議員在聽取事件敘述後，也認為「撕毀國旗」是不太可能成立的。

那麼「亞羅號」是否是英國船呢？

包令、巴夏禮根據《中英虎門條約》第九款：「倘有不法華民……潛住英國官船、貨船避匿者……倘華官探聞在先或查出形跡可疑，而英官尚未查出，則華官當為照會英官，以便訪查嚴拿」，為自己向中方提出「交出全部水手」辯護。如果這條船真的是英國船，這種辯護的確是可以自圓其說的。但「亞羅號」的香港註冊早在一八五六年九月二十七日到期，儘管香港第四號法令第十條規定，倘船隻在航行中可以順延註冊。不過在九月二十七日至「亞羅號事件」爆發後的日子裡這條船一直在珠三角各口打轉，不存在順延理由，且該船九月一日最後一次離開香港，卻並未申請註冊。在這種情況下，「亞羅號」的船籍只能根據其船主方亞明的國籍，確定為中國。

事實上，除了巴夏禮自始至終一口咬定「這是英國船」，包括包令在內的大多數英國政要對「亞羅號」的歸屬，是自知勉強的。

問題在於，包令也好，巴夏禮也罷，都可恥地迫切渴望「亞羅號事件」能夠觸發一系列他們所希望的變化——入廣州城、修約、公使進京、更多口岸開放和外國人在華旅行自由，等等。

在伯駕北上事件中，包令似乎給人一種「鴿派」、不願搞「炮艦外交」的印象，而他本人「和平協會」會員和詩人的身分更容易讓人加深這一印象。但實際上，包令同樣是「炮艦外交」的支持者。就在一八五六年七月一日，他致信克拉蘭敦，稱「派遣艦隊（威脅）對於努力擴大和改善英國對華關係是絕對必要的」；同年八月二十一日，他再次致信外相稱「不行動是最危險的政策，且這種危險性正與日俱增」，表示如果沒有「足夠的武力作後盾」，想從中國人那裡獲得任何重要讓步都是毫無希望的。他對伯駕建議的冷淡，一是自感準備不足，擔心一旦受挫後果適得其反，二是不想淪為美國的配角。當「亞羅號戰爭」爆發後，他自感機會成熟，便立即從「鴿」變「鷹」，成為「炮艦外交」的公開推手。一八五六年十二月六日，法國駐華代辦顧隨（Jean de Courcy）致函外長華留斯基（Count Walewski），稱包令比西馬縻各厘更好戰，攻打虎門炮臺及要求發出入城通牒，都是包令而非西馬縻各厘的主意。至於巴夏禮，本來就是一個自始至終的「炮艦派」，而他們的這種強盜主張，又恰合乎一心想擴大在華利益的首相巴麥尊子爵（Henry John Temple, 3rd Viscount Palmerston）心意，一些難以自圓其說的「瑕疵」，在彼時處於全盛、崇尚霸權的英國人那裡，自然也就可「忽略不計」了。

第二次鴉片戰爭中的通州八里橋之戰，這場戰鬥實際上是從一八五六年的「亞羅號事件」肇源的。

那麼葉名琛呢？他何以如此氣定神閑，甚至上報勝利？

事實上，葉名琛也著意搜集英國人的情報，且確實有不少收穫。但他的思維體系仍是舊的，新的「資訊碎片」在舊體系中，就只能被他自作聰明的「合理解釋」弄得面目全非，比如，他已知道印度爆發革命，但由此得出的結論，卻是只要自己這麼不戰不和地拖下去，英國人就會耗不起並知難而退；而英國人和美國人的爭議和分歧，則被他一廂情願地認為是美國人「尚知馴順」，可以分化爭取——他似乎忘記是誰把伯駕形容為「太平天國夥伴」和「危險分子」的了。

大約是一八五六年年底或一八五七年年初，他在給皇帝的奏報中吹噓自己「兩獲勝仗，夷匪傷亡四百餘」，自稱「防堵英夷水陸獲勝，夷情窮蹙」。在今天的人們看來不合邏輯的事，卻十分合乎當時葉名琛的邏輯——既然「英夷」很快就會自動撤走，那麼謊報一些勝仗不但可邀功，還能敷衍廣州城被攻破的醜聞[46]；既然後果沒什麼大不了，那麼就不能不好好「辦辦奏摺」，設法讓皇帝繼續信任自己的「洋務能力」，避免其他官員插手，從而影響自己的地位和前途。

至少在這一年裡他成功了。直到一八五六年年底，連辦公室都被人洗劫一空的葉名琛仍然是清方唯一的官方外交代表。被弄得雲山霧罩、不知到底發生了什麼事的咸豐在一八五七年年初頒發給葉名琛並轉發江蘇、直隸、閩浙總督的一份諭旨中，一面繼續強調「不為遙制」（其實就是「別來煩我」的遁詞），一面用狐疑的口氣表示「控制外夷非內地可比……其務操縱得宜，勿貽後悔」。

被葉名琛也被清朝官僚體系和自己思維定勢蒙蔽的咸豐皇帝當然不會想到，自己所信賴的葉名琛是怎樣「操縱」的，更不會想到隨著一八五六年的結束，他就算後悔也為時晚矣。

46 始終不讓英國人進城，一直是他邀功請賞。堅持自己「洋務唯一視窗」地位的主要「政績依據」。

第十四回　一切還未結束

袁州嘩變

太平天國丙辰六年十月廿二日（一八五六年十一月二十八日，清咸豐六年十一月初一日），似乎可被視作天京事變結束的日子。就在這一天，直接參與攻打東王府、殺死楊秀清的頂天燕秦日綱與佐天侯陳承鎔被洪秀全下令處決。

然而在天京城接二連三的大場面大陣仗後，很少有人關注到，在遙遠的江西腹地，一天之後，發生了一件看似不起眼卻意義非凡的事——袁州嘩變。

袁州郡，當時被湖南巡撫駱秉章所派遣的入贛援軍劉長佑、蕭啟江部所圍困。咸豐六年十月廿七日（西元一八五六年十一月二十四日，太平天國丙辰六年十月十八日），清軍圍攻城垣時，城中太平軍兩位主將之一、春分副侍衛李能通（一作李嚴通）突然衝出西門，高呼「李能通願棄械投誠」，帶領十多人「徒手來奔，俯地叩頭，上其偽印」。

李能通是湖南郴州人，原本是湖南天地會劉代偉的部下，咸豐二年（西元一八五二年，太平天國壬子二年）劉代偉起事失敗，李能通突圍投奔當時在永安州的太平軍，並作為嚮導引導太平軍入湘，發揮了獨特的作用。由於這一階段投入太平軍的天地會會眾人數雖多，但比較分散，且沒有著名領袖，因此很快被太平軍同化，李能通也被視作太平軍嫡系。一八五六年石達開部入贛，收編廣東天地會部為「花旗」，而原本的嫡系太平軍因為喜歡使用黃色旗幟而被稱作「黃旗」。石達開率兵參加天京－鎮江戰役後，留守江西各郡縣的太平軍，通常都由黃旗、花旗混編而成。

袁州郡即是如此：城中官階最高的，是「花旗」將領、殿右四十二檢點黃毓生，李能通的春分副侍衛職同指揮，比黃毓生低一級。但李是黃旗，黃是花旗，實際上在太平軍中的地位，反倒是李能通更高一些。當太平軍在江西所向披靡、大部分省境被納入「天朝」版圖時，兩人及其背後的「黃、花矛盾」尚能彌合，待天京事變爆發，袁州等邊遠郡縣被忙於內變的天國大員們忽視，清軍趁機反攻時，這種矛盾就日益突出了。

根據駱秉章、劉長佑等人的記載，由於天京事變的消息傳出，各郡縣太平軍開始出現信心動搖、相互猜疑、互相提防等問題。當時袁州郡被清軍圍困，物資供應出現困難，一些仗也打得不好，黃旗、花旗處境均每況愈下，就更是互不買帳，直至勢同水火。據清方資料顯示，當時在江西許多郡縣，都出現黃旗排擠花旗，懷疑、指責後者「不忠誠」、「有二心」的現象，在袁州城內同樣如此。

然而袁州守軍的比例，卻是花旗稍多，黃旗較少，李能通成了內鬥的失敗者，並最終選擇了陣前嘩變。這次嘩變導致留在城裡的黃旗和花旗自相殘殺，最終黃旗以白巾為號，在咸豐六年十一月初二日放清軍入城。就這樣，袁州郡不明不白地落入清軍一支偏師手中。

李能通並非太平天國第一個投降的將領，甚至在當時也非投降將領中級別最高者（此前已有冬官副丞相萬象汾、范潮蘭等先後叛降），但他卻是太平天國歷史上第一個獻城投降的將領，在此之前，從沒有任何一座太平天國守衛的城鎮、要塞，是因為守將投降而陷落的。袁州不是一座大城，李能通也算不上高級軍官，但這次發生在天京事變結束翌日的嘩變，卻殘酷無情地揭示出，「天父殺天兄」後太平天國的確是「人心冷淡」。原本鼓舞大家為「頂起天父天兄綱常」而奮鬥的神學理論，如今因為「代天父傳言」的楊秀清被殺，和楊「情同手足」的「上帝之子」韋昌輝突然變成了一個殺戮主角，而變得一下子毫無說服力；原本讓許多功名之士為之熱血沸騰不已、為之奮鬥不懈的「打江山」宏圖，也隨著天京城內的血流成河，顯得越來越沒有「打通」的可能。李能通先例一開，此後便一發而不可收拾，即便洪秀全後來重建神學體系，並依靠加官進爵「加恩惠下」，也再未能重現昔日「萬眾一心」的盛況。後期太平天國陷落的城池，幾乎每一座都或多或少有叛降、嘩變的因素在內。

更麻煩的是，袁州城嘩變的，是原本一直擺出一副大義凜然姿態，動輒懷疑、訓斥別人「不忠」的黃旗，而奮戰到底殉國的，卻是長期被歧視、排擠和奚落的「外來戶」花旗。此後江西、安徽各地花旗就動輒用袁州郡的例子，對黃旗反唇相譏，而清朝將帥也敏銳地觀察到這個可以利用的縫隙，大行挑撥、策反、離間等計策，讓原本動搖的太平軍陣營雪上加霜。

互有攻守

其實，就在天京－鎮江戰役激戰之際，清軍已開始從周邊省分調集援軍增援江西。自一八五六年二月至五月，先後有湖南劉長佑部（四千人），湖北曾國華、普承堯部（四千一百人），福建張從龍部（二千六百人）入援，坐困長沙的曾國藩則讓自己的弟弟曾國荃回湖南，會同從樟樹鎮敗回原籍的周鳳山，在道州、湘鄉等地募勇四千人入贛，這支新募的湘軍，就是後來成為湘軍主力中的主力——「吉字營」。這樣一來江西清軍總兵力已增加到四萬人以上。

當面的太平軍，按照曾國藩的彙報，有黃旗、花旗約四萬，江西新兵三萬，但按照「二千五作一萬」的太平軍慣例計算，則戰鬥兵不足二萬，且其中的江西新兵不諳戰鬥，黃旗、花旗又矛盾重重，因此漸趨不利。但儘管如此，在除了李能通獻出的袁州外，太平軍在江西占領的其餘七郡，清軍在整個一八五六年裡始終不能越雷池一步，太平軍中則湧現出瑞州賴裕新等以善守聞名的後起之秀，與老資格守城名將、後來被日本人宮崎滔天比作唐代堅守睢陽之張巡的九江林啟容交相輝映。

在安徽，清福建提督秦定三趁陳玉成、李秀成等五丞相部東援鎮江，在咸豐六年正月十四日（西元一八五六年二月十九日，太平天國丙辰六年正月十四日）奪占舒城，進逼皖北重鎮三河。

三河鎮位於廬州府合肥縣南九十里，古名鵲岸，明代起因豐樂、杭埠、小南三河匯流得名三河鎮，地當廬州、巢湖、舒城諸城之中，自古為兵家必爭之地。這裡並非縣治，原本沒有城垣，太平軍入據後築起磚城一座，由綽號「藍矮子」的名將藍成春（原為殿左十五指揮，此時應已封為亮天侯）鎮守。

秦定三率軍猛攻三河屢屢被擊退，直到八月十八日（西元一八五六年九月十六日，太平天國丙辰六年八月十日），太平軍才在廬州和春部的夾攻下棄守。此後至九月廿九日，廬江、無為州、和州、巢縣相繼被清軍攻占。此時天京事變剛剛告一段落，以李秀成為首的援軍已自蘇南句容縣丁角村渡江而來，但已遲到一步。倘非天京變起，皖北局面應該是另一番光景。

由於和春被調往江南大營出任欽差大臣，清廷在八月初調整皖北指揮體系，由巡撫福濟、壽春鎮總兵鄭魁士主持軍務。鄭魁士和秦定三不合，行動遲緩，秦定三只得獨自率軍攻打桐城，在這裡他遭遇李秀成部的頑強阻擊。自此清方在皖北的攻勢，也終於「見頂」。

就在此年底，李秀成約請當時還在參加寧國之戰的陳玉成至樅陽鎮祕密會議。會上李秀成畫出「進攻圖式」，制訂了皖北分路反擊的計畫。

太平天國丙辰六年十二月初五日（西元一八五七年一月十一日，清咸豐六年十二月十六日），陳玉成自樅陽鎮東下收復無為州、湯頭鎮、運漕鎮，隨即匯合另一位「老戰友」——從天京來援的陳仕章收復巢縣，並於巢縣東關大破清湖南綏陽鎮總兵紮隆武。廿五日收復廬江，隨即迂回包圍桐城外及舒城的清軍秦定三、鄭魁士部主力。皖北局面，為之一新。皖北是天京事變後太平軍第一處轉守為攻的戰場，原本轉戰天京周邊、皖南的太平軍各部陸續返回，讓一度被動的戰局得到明顯改觀。

在皖南和天京周邊，重鎮寧國郡在長期堅守後於咸豐六年十二月初二日（西元一八五六年十二月二十八日，太平天國丙辰六年十一月廿二日）被清浙江提督鄧紹良部攻陷。此前天京周邊東壩、高淳縣等也已失守，但句容、溧水、瓜洲、鎮江四個要點仍在太平軍牢牢掌握中，東山再起的江南大營對此束手無策。

唯一全盤皆輸的戰區在湖北。原本受命援鄂的石達開部走到離武昌近在咫尺的魯家巷，卻得到天京事變、楊秀清被殺的消息，匆匆撤軍東返。此後天京事變愈演愈烈，以致韋昌輝被殺，洪秀全和韋家反目成仇，對金田起義作出卓越貢獻的韋元玠也死於非命；而湖北太平

清軍與太平天國軍隊在武昌交戰。

軍主將、國宗提掌軍務韋俊是韋昌輝胞弟、韋元玠親子，對此當然不可能無動於衷，作為太平天國的重量級人物，他不敢降清，卻又深知不可能再指望仇深似海的洪秀全、石達開大舉增援（洪秀全殺了他父兄全家，他哥哥又殺了石達開全家），因此產生了「避逼林泉」的消極心態。清軍胡林翼部水陸湘軍趁機加緊攻勢，太平天國丙辰六年十一月十三日（西元一八五六年十二月十九日，清咸豐六年十一月廿二日），韋俊、洪仁政及秋官副丞相鐘廷生等放棄武昌。此後至十一月廿九日（西元一八五七年一月四日，清咸豐六年十二月九日），武昌縣、黃州郡、大冶、蘄州、廣濟、黃梅等郡縣相繼失陷，鐘廷生被俘死，韋俊、洪仁政退入安徽，清軍浙江布政使李續賓部進逼九江城下，都興阿部進逼小池口，湖北全境喪失。

不難看出，直到一八五六年底，太平軍和清軍在戰場上仍然是相持之局——清軍在湖北趁天京事變所造成的混亂占據上風，但太平軍則利用清軍換帥的空隙在皖北搬回一城，其餘各處則互有攻守。清軍戰略意圖過於鬆散，加上南方「夷情」又趨緊張，一時無力大舉，而太平軍也開始慢慢度過天京之變後帶來的慌亂、消沉，再度證明只要集中一定優勢兵力，就足以在局部戰場上有所作為。這一切看起來似乎尚未有定局。

天王的思考

在天京城內，躲在「天朝宮殿」裡不出的洪秀全，似乎一直在思考應如何填補天京事變後神權、人權兩方面的空白，並修復太平天國的宗教、世俗體系，重新喚起失落的人心。

他似乎可以有兩個選擇。

一是如後來李秀成所建議的「依古制而惠四方」，淡化宗教色彩，走中國人尤其江南人喜聞樂見的「明君政治」，實行輕徭薄賦和籠絡人心的政治復古主義，先渡過眼前難關然後徐圖進取。當然，這樣做，他就要放棄「天父天兄」體系中那些最神祕、最能呼風喚雨的部分，而只留下比較容易被世俗接受的部分軀殼（如「真命天子」一類古已有之的自我神聖）。

二是設法重建一套新的「天父天兄」神學體系，用自己信得過的「神人」替代曾讓自己心驚肉跳、如芒刺在背的楊秀清、蕭朝貴。當然，被楊秀清「弄怕」的他不會選擇石達開或其他異姓功臣（石達開恐怕也沒什麼興趣），而同族、近臣中也缺乏合適或放心人選。倘走這條路，能否在「人心冷淡」後收穫和昔日相仿的「振作」效果且不失控，他恐怕同樣沒有把握。

在整個一八五六年裡他都沒有作出最後選擇，這從一個現象便可見一斑：自太平天國辛開元年（西元一八五一年，清咸豐元年）至辛酉十一年（西元一八六一年，清咸豐十一年），太平天國每年都要印一些新書，用於宣傳其官方的政策、思想和制度，唯獨一八五六年是個空白。很顯然，洪秀全是抱定了「想不好怎麼說，就等想好了再說」的打算。

他和石達開的關係也就因為這個「引而不發」，而不冷不熱地維持著。石達開得到了「輔政」而非「主政」的權力，是洪秀全以下太平天國官階、爵銜最高的臣子，卻既不是軍師，也沒能在「神權」上獲得更多承認。君臣二人和大多數觀察家、他們的敵人一樣清楚，「天國」的未來，在很大程度上取決於他們兩人能否和睦相處下去，平心而論他們也努力想做到這點——前提是首先不損害自己的基本利益。直至一八五六年年底，一切似乎也還尚未可知。

水火未濟

就在這一年底，一度炮聲震天、火光遍地的廣東省城、省河，局勢似乎也有所緩和。英國兵再未入城，葉名琛也回到了自己的衙署，清軍雖丟失了城外

葉名琛也許不會想到，一八五七年，英法聯軍會再次攻陷廣州並將自己活捉，然後被押解至印度加爾各答，最後客死他鄉。

一八五六～一八六〇年間的第二次鴉片戰爭中圓明園燃燒時的場景。

一八五六年的許多時間，咸豐將圓明園當做指揮戰爭的大本營，但一八六〇年時這裡將變成一片火海；這張圖描繪了圓明園的「最後一刻」。

咸豐皇帝的清漪園。一八五六年的他還不知道，這些美麗的建築即將因這場開始於本年度的戰爭而被付之一炬。

沿江所有炮臺，但廣州城垣仍由本方布防；雷聲大、雨點小甚至僅出現在葉名琛奏報上的「反攻」、「追剿」，雖於英軍構不成很大威脅，畢竟也算有所作為，而且種種跡象表明，英軍就要從廣州城下後撤了。葉名琛等人已開始竊竊私語，彈冠相慶，準備好好向咸豐皇帝邀邀功了。

葉名琛的判斷有一點是對的：英軍的確將於來年春天後撤。但這種後撤只是暫時的，從世界各地抽調來的五千援軍即將動身前來，法國也將加入這場事後證明遠較第一次鴉片戰爭慘烈殘酷的戰爭。這場戰爭將以葉名琛的客死異國，以及咸豐皇帝奕詝的倉惶離京而達到高潮。熊熊的戰火將從廣東省河，一直燒到皇帝的圓明園。此時此刻，奕詝、葉名琛君臣也好，政見不同、性格各異的內外文武重臣們也罷，恐怕沒有一個人會想到，在未來的幾年裡，中國會發生如此劇變——甚至未必有幾個人想到中國會發生什麼劇變。

西元一八五六年，清咸豐六年，太平天國丙辰六年，就這麼轟轟烈烈地度過，又看似平靜地走到終點。在北京《清實錄》照例翻過新的一頁，寫著「春王正月」一類套話；在天京，驚魂甫定的人們開始迎接這個特殊「國家」的第七個紀年，這一年是否頒行了新曆？看來是頒行了，因為有署有丁巳七年之年、月、日的文書存世，但這份本應具有相當史學價值的曆法，如今卻並未保存下來。照慣例，每年新曆前都會有各王爵署名的《獻曆奏》，這一年的《獻曆奏》上究竟有幾個人列名，都署了怎樣的頭銜，本可以揭開許多至今存疑待考的謎團，可惜，歲月和戰火，以及一八五六年外國人陰差陽錯地和太平天國拉開「安全距離」，讓後世的研究者至今也未能獲得這樣的機會。

人或「神」都不是算無遺策的預言家，在一八五六年行將結束之際，他們不可能準確計算出來年將發生的變化——一如這一年開始時，他們也不可能預料到會出現如此一波三折、跌宕起伏的戲劇性大場面一般。倘此時此刻，有一位智者被問及「新年運勢」，即便他再怎麼能掐會算，恐怕也只能說「鹿死誰手，尚未可知」吧！

的確，一八五六年的結局，只是個「並非結局的結局」而已。在一八五七年開始的時候，中國這座大舞臺上的每一位演員，似乎都有搶到「角兒」的機會，前提是他們不犯錯，或對手犯錯。

這，或許就是所謂成事在天，謀事在人吧！

1856：糾結的大清、天國與列強

作　　者　陶短房

發 行 人　林敬彬
主　　編　楊安瑜
副 主 編　黃谷光
責任編輯　黃谷光
編　　輯　黃暐婷
內頁編排　黃谷光
封面設計　陳膺正
編輯協力　陳于雯

出　　版　大旗出版社
發　　行　大都會文化事業有限公司
11051臺北市信義區基隆路一段432號4樓之9
讀者服務專線：(02) 27235216
讀者服務傳真：(02) 27235220
電子郵件信箱：metro@ms21.hinet.net
網　　　址：www.metrobook.com.tw

郵政劃撥　14050529 大都會文化事業有限公司
出版日期　2017年08月初版一刷
定　　價　300元
I S B N　978-986-95038-2-2
書　　號　History-91

◎本書由化學工業出版社授權繁體字版之出版發行。

大旗出版 BANNER PUBLISHING　大都會文化

國家圖書館出版品預行編目（CIP）資料

1856：糾結的大清、天國與列強 / 陶短房著. -- 初版.
-- 臺北市：大旗出版, 大都會文化, 2017.08
240 面；17×23 公分

ISBN 978-986-95038-2-2 (平裝)

1. 晚清史 2. 通俗史話

627.6　　106012082